Simbolismo e interpretação

FUNDAÇÃO EDITORA DA UNESP

Presidente do Conselho Curador
Mário Sérgio Vasconcelos

Diretor-Presidente
Jézio Hernani Bomfim Gutierre

Superintendente Administrativo e Financeiro
William de Souza Agostinho

Conselho Editorial Acadêmico
Danilo Rothberg
Luis Fernando Ayerbe
Marcelo Takeshi Yamashita
Maria Cristina Pereira Lima
Milton Terumitsu Sogabe
Newton La Scala Júnior
Pedro Angelo Pagni
Renata Junqueira de Souza
Sandra Aparecida Ferreira
Valéria dos Santos Guimarães

Editores-Adjuntos
Anderson Nobara
Leandro Rodrigues

Tzvetan Todorov

Simbolismo e interpretação

Tradução
Nícia Adan Bonatti

© Éditions du Seuil, 1978
© 2013 Editora Unesp

Título original: *Symbolisme et interprétation*

Direitos de publicação reservados à:
Fundação Editora da Unesp (FEU)
Praça da Sé, 108
01001-900 – São Paulo – SP
Tel.: (0xx11) 3242-7171
Fax: (0xx11) 3242-7172
www.editoraunesp.com.br
www.livrariaunesp.com.br
atendimento.editora@unesp.br

CIP – Brasil. Catalogação na publicação
Sindicato Nacional dos Editores de Livros, RJ

T572v

Todorov, Tzvetan, 1939-
Simbolismo e interpretação / Tzvetan Todorov; tradução Nícia Adan Bonatti. – 1.ed. – São Paulo: Editora Unesp, 2014.

Tradução de: *Symbolisme et interprétation*
ISBN 978-85-393-0536-0

1. Linguística. I. Título.

14-13046

CDD: 410
CDU: 81'1

Editora afiliada:

Para o espírito, é tão mortal ter um sistema quanto não tê-lo. Ele deve, portanto, decidir-se a reunir os dois.

Friedrich Schlegel

Sumário

O simbolismo linguístico . *11*

  Língua, discurso . *11*

  Sentido direto e indireto . *14*

  Duas recusas do simbólico . *16*

  Linguística e não linguística . *18*

  Signo, símbolo . *19*

  Linguística, simbólica . *20*

  Simbolismo e interpretação . *22*

  Dois níveis de generalidade . *23*

  Minha ambição . *26*

1. **A simbólica da linguagem**

  A decisão de interpretar . *29*

    Acomodação, assimilação . *29*

Princípio de pertinência . 30

Em busca de indícios textuais . 32

Indícios sintagmáticos . 33

Indícios paradigmáticos . 34

Exemplos de simbolização: São João da Cruz . 35

Maeterlinck . 37

Henry James . 38

Tolstói . 39

Exemplos de interpretação . 40

O papel da estrutura linguística . 45

Simbolismo lexical e simbolismo proposicional . 45

Histórico da oposição . 47

Simbolismo do significante . 56

Outros efeitos do linguístico . 57

A hierarquia dos sentidos . 59

O discurso literal . 60

O discurso ambíguo . 62

O discurso transparente . 63

Casos intermediários . 64

Exemplos: Flaubert . 65

Baudelaire . 66

A direção da evocação . 69

Enunciado e enunciação . 69

Ironia . 71

Intertextualidade . *73*
Extratextual, intratextual . *75*
Contextos: paradigmático e sintagmático . *76*

A estrutura lógica . *81*
   Taxonomias globais . *81*
   Taxonomias específicas . *83*
   Crítica . *88*
   O desvio paronímico . *89*

Indeterminação do sentido? . *93*
   Indeterminação do simbólico . *93*
   Graus de indeterminação . *95*
   Exemplos: Nerval . *96*
   Rimbaud . *98*
   Simbolistas . *103*
   Kafka . *105*

Bibliografia sumária . *109*
   1. Algumas obras históricas . *110*
   2. Alguns estudos teóricos . *110*

2. **As estratégias da interpretação   113**

   Uma interpretação finalista: a exegese patrística . *117*
      O encadeamento da interpretação . *117*
      A escolha dos segmentos interpretáveis . *122*
      As motivações; as concordâncias . *126*

Sentido novo ou sentido antigo? . *133*

A doutrina dos quatro sentidos . *135*

Funções próprias do simbólico . *144*

Quais julgamentos sobre o simbólico? . *150*

Uma interpretação operacional: a exegese filológica . *157*

A alternativa fé ou razão . *158*

O projeto filológico: a ciência dos sentidos . *165*

Sobre a evolução da filologia . *171*

Uma crítica da filologia: Schleiermacher . *186*

Algumas conclusões históricas e tipológicas . *195*

A inversão: quando, por quê . *195*

Tipologia das estratégias . *198*

Reformulação da oposição . *201*

Minha estratégia? . *202*

Referências bibliográficas . *205*

Índice onomástico . *209*

O simbolismo linguístico[1]

Língua, discurso

A distinção entre *língua* e *discurso* desvenda-se facilmente para qualquer um que reflita sobre a natureza da linguagem. A língua existe em abstração, tendo como elementos de partida um léxico e regras de gramática, e como produto final, as *frases*. O discurso é uma manifestação concreta da língua e se produz necessariamente num contexto particular, em que entram em conta não somente os elementos linguísticos, mas também as circunstâncias de sua produção: interlocutores, tempo e lugar, relações existentes entre esses elementos extralinguísticos. Não se trata mais de frases, e sim de frases enunciadas ou, mais resumidamente, de *enunciados*.

---

[1] Gostaria de reconhecer aqui minha dívida para com dois amigos: Dan Sperber, cujas observações me levaram a modificar várias de minhas posições anteriores; e Marie-Claude Porcher, a qual permitiu que eu me familiarizasse minimamente com a poética sânscrita.

Um (pequeno) passo a mais consiste em supor que a significação — dando a esse termo sua acepção mais ampla — não surge do mesmo modo na língua e no discurso, nas frases e nos enunciados, mas que neles toma formas claramente diferentes — a tal ponto diferentes que mereceriam nomes distintos. Beauzée opunha, assim, *significação* (para a língua) e *sentido* (para o discurso). Benveniste, mais recentemente, falava de *significância* e de *sentido*. A significação da frase sofre um duplo processo de determinação no momento de sua transformação em sentido do enunciado: ela perde sua ambiguidade e suas referências ao contexto se particularizam. A frase "João estará aqui em duas horas" tem uma significação na língua, compreensível para qualquer sujeito falante de português; é essa significação que podemos traduzir em outras línguas sem que nenhuma informação suplementar seja necessária. Contudo, assim que essa frase se torna um enunciado, começa a se referir a uma pessoa, a um tempo, a um lugar que podem não ser os mesmos quando ocorre outra enunciação da mesma frase. Do mesmo modo, as palavras e as proposições adquirem, dentro de um discurso, um sentido mais particular que aquele que têm na língua. Assim eu pude, um pouco antes, falar do "sentido" no sentido de Beauzée ou de Benveniste.

Alguns aforismos célebres podem ajudar a lembrar, e ao mesmo tempo determinar, a antiguidade da oposição entre "significação" (ou "significância") e "sentido". Alexander Pope escrevia: "Admito que um lexicógrafo talvez possa conhecer o sentido da palavra em si mesma, mas não o sentido de duas palavras ligadas". E Cícero, muito tempo antes dele, afirmava: "As palavras têm um primeiro valor tomadas isoladamente, e um segundo quando unidas às outras. Tomadas isoladamente, é preciso bem escolher; unidas às outras, bem colocá-las". Montaigne apontava: "Tenho um dicionário inteiramente meu" [*"J'ay um dictionnaire tout à part moy."*].

Essas três citações concernem a uma mesma distinção, à primeira vista semelhante à que nos preocupa aqui: as palavras são consideradas isoladamente ou em grupo. Isso é afirmado pelos dois primeiros textos e implicado pelo terceiro: existe um dicionário comum, mas as palavras que o compõem tomam valores específicos dentro de um discurso individual. Cícero adiciona a isso uma observação que diz respeito ao processo psíquico de produção: no plano do vocabulário, a operação dominante é a seleção de entidades lexicais; nas frases, sua combinação. A fórmula de Montaigne é evidentemente paradoxal: caso seu dicionário fosse, como pretendido, inteiramente individual, apartado daquele dos outros usuários da língua, como ele poderia nos comunicar essa própria informação? Todavia, vemos que só a expressão do pensamento é paradoxal, por falta de dois termos que designem a significação, um na língua, outro no discurso. Para além dessas nuanças entre nossos três autores, desenha-se também claramente sua unidade: vê-se que a distinção por eles ambicionada é somente aparentada àquela entre língua e discurso, sem recobri-la exatamente, e essa não coincidência caracteriza bem certa concepção clássica da linguagem. Para todos esses autores, a fronteira passa entre palavras e frases, não entre língua e discurso; ou, se preferirmos, a língua encontra-se reduzida às palavras (o mesmo ocorre para Saussure, para quem não haverá frases na "língua"). Para nós, as palavras e as frases opõem-se em bloco aos enunciados.

Sentido direto e indireto

O que vimos é com certeza evidente; mas era necessário revisarmos tudo isso antes de abordar meu próprio objeto. A saber, que podemos usar e interpretar cada enunciado de maneira totalmente diferente. Antes de querer dizer: "João estará aqui em duas horas" (quaisquer que sejam João, o aqui e o agora), posso formular o mesmo enunciado para transmitir uma informação completamente diversa. Por exemplo: "Até lá, devemos sair desse local". Tal interpretação só é possível quando ocorre uma enunciação particular e dentro de um contexto concreto; continuamos, portanto, no campo do discurso e dos enunciados. Contudo, enquanto o "sentido" próprio do discurso – discutido acima – mereceria o nome de *direto*, esse é um sentido discursivo *indireto* que se enxerta sobre o precedente. É ao campo dos sentidos indiretos que reservo também o nome de *simbolismo linguístico*, e ao seu estudo, o de *simbólica da linguagem*. E que o prefixo negativo em "indireto" não faça pensar num fenômeno marginal, apêndice esporádico do sentido direto: a produção indireta de sentido está presente em todos os discursos, talvez dominando inteiramente alguns deles, e não os menos importantes: assim ocorre com a conversação cotidiana ou com a literatura.

Para encontrar no passado uma reflexão global e simultaneamente nuançada sobre os problemas do uso indireto da linguagem, deve-se sair do quadro de referência ocidental, inclinando-se para a tradição hindu (sob a patronagem da qual gostaria de pôr as páginas vindouras). Em certo momento do século XII, o analista sânscrito de poesia Mammata (*Kāvyaprakāśa*) resume assim as ideias correntes de seu tempo – suscitadas pela obra fundamental de Ānandavardhana, sem

Simbolismo e interpretação

dúvida o maior teórico do simbolismo textual. Ele distingue sete diferenças entre a expressão direta e a sugestão indireta:

1. *Diferença na natureza da asserção*: o expresso, por exemplo, proíbe ou nega, enquanto o sugerido ordenará ou afirmará.
2. *Diferença de tempo*: o sugerido é apreendido depois do expresso.
3. *Diferença de suporte linguístico*: o expresso emana das palavras; o sugerido pode nascer de um som, de uma frase ou de uma obra inteira.
4. *Diferença de meios de apreensão*: o expresso é compreendido graças às regras gramaticais; o sugerido requer, por outro lado, um contexto: circunstâncias espaçotemporais, interlocutor, etc.
5. *Diferença de efeito*: o expresso carrega uma percepção cognitiva pura e simples; o sugerido produz também encantamento.
6. *Diferença de número*: o expresso é unívoco; o sugerido pode ser plurívoco.
7. *Diferença na pessoa interpelada*: o sentido expresso pode muito bem se dirigir a um personagem; o sentido sugerido, a outro.

Essas diferenças não se situam, para nós, no mesmo plano. Uma delas (*diferença 4*) concerne não à oposição entre evocação direta e evocação indireta, mas àquela entre língua e discurso: todo discurso, seja ou não sugestivo, implica uma referência ao contexto de enunciação. Outras são simples especificações da diferença de princípio expressão-sugestão: o interlocutor pode não ser idêntico (*7*), não mais que a asserção (*1*). Outra ainda concerne ao efeito produzido pelo enunciado, e não à sua estrutura (5). Mas as três oposições restantes descrevem bem as propriedades do processo simbólico: diferença entre as *dimensões linguísticas*; diferença no *número de sentidos*; por fim, diferença entre a *ordem de aparição*: o indireto se enxerta, por definição, sobre o direto, pressupõe uma anterioridade e, portanto, uma temporalidade. Reciprocamente, afirmar a posterioridade do simbólico é defini-lo como sendo indireto. As páginas seguintes serão dedicadas ao exame desses diferentes aspectos e fases do processo simbólico.

Duas recusas do simbólico

Antes de entrar no detalhe da descrição concreta, convém observar várias questões gerais. E indagar se, primeiramente, não é melhor dar razão aos que recusam a própria existência de uma oposição entre sentido direto e sentido indireto.

De fato, a oposição foi contestada, por vezes implicitamente, a partir de dois pontos de vista bem diferentes. O primeiro é, *grosso modo*, aquele dos linguistas (contando, é claro, com algumas exceções e algumas tendências à mudança nesses últimos anos): é uma recusa por não reconhecimento. As obras de teoria linguística ou semântica contentam-se, no melhor dos casos, em assinalar que não se ocuparão de casos marginais do uso linguístico, tais como a metáfora, a ironia ou a alusão. Essa posição seria defensável se repousasse sobre uma distinção entre língua e discurso e, portanto, no mínimo, sobre o apelo a uma análise do discurso; mas isso não ocorre. A justificativa dessa recusa deve-se aos princípios de um empirismo caricaturalmente simplificados numa primeira abordagem, e em seguida assimilados sem reserva: só existe (ou, em todo caso, só conta) aquilo que é perceptível, aquilo que é diretamente oferecido aos sentidos – portanto, não o sentido indireto.

A outra crítica inverte as coisas: até agora mesmo só havia o direto, doravante só haverá o indireto. Ao que tudo indica provindas da recusa romântica das hierarquias, estariam elas no seio da linguagem; um Nietzsche ou seus descendentes contemporâneos dirão que não há sentido próprio, que tudo é metáfora – só há diferenças de grau, não de natureza. As palavras jamais capturam a essência das coisas, só as evocam indiretamente. Entretanto, se tudo é metáfora, nada o é. E essas duas críticas, advindas de pontos de vista tão opostos, se encontram curiosamente em sua conclusão, que é a recusa da especificidade, e portanto da existência, do simbolismo linguístico. A geometria da significação é reduzida, cá e lá, a uma única dimensão.

Se recuso, por minha vez, esses dois pontos de vista opostos, se continuo a acreditar na existência dos fatos simbólicos, não é porque me considero o detentor de uma verdade filosófica superior ao empirismo de uns, ao dogmatismo de outros, mas porque minha intuição de sujeito engajado na troca verbal não me autoriza a assimilar duas instâncias tão diferentes quanto aquela em que digo "faz frio aqui" para significar que faz frio aqui, e aquela em que enuncio a mesma frase para fazer entender que é preciso fechar a janela. Ou, ainda, quando a frase: "Você é meu leão soberbo e generoso" é dirigida por uma leoa (que fala) ao seu esposo, e quando a mesma frase vem da boca de uma mulher e se dirige a Hernani. Ser capaz de constatar essa diferença parece-me um traço inerente ao ser humano; tentar compreendê-la é o objetivo de qualquer teoria do simbolismo linguístico.

Linguística e não linguística

Adiciono sempre o adjetivo *linguístico* ao substantivo "simbolismo" porque penso, com muitos outros, que existe um simbolismo não linguístico. Para ser mais preciso: o fenômeno simbólico nada tem de propriamente linguístico, ele é somente portado pela linguagem. Os sentidos segundos ou indiretos são evocados por associação; sabia-se disso na Antiguidade, dado que se classificavam tropos e associações da mesma maneira; ora, a associação é um processo psíquico que certamente não é linguístico: associam-se tanto objetos quanto ações e uma situação pode ser tão simbólica quanto um gesto. Não há um "sentido metafórico" na língua, que seria de uma espécie bem particular, irredutível ao sentido linguístico em geral e ao mesmo tempo a processos translinguísticos como a associação: os sentidos evocados indiretamente são sentidos como os outros, e só diferem por seu modo de evocação, que é precisamente a associação do presente ao ausente. Schleiermacher já havia notado: "As palavras tomadas no sentido figurado guardam sua significação própria e exata, e só exercem seu efeito por meio de uma associação de ideias com a qual conta o escritor".

No entanto, seria possível ter o seguinte raciocínio: bastaria conceder a não especificidade da significação – admitir, portanto, que ela é só uma associação entre significante e significado – para em seguida ser autorizado a revirar, num movimento de contraofensiva, tudo o que sabemos da significação no campo do simbolismo; e admitindo a existência de um simbolismo não linguístico, ver todo o simbólico à imagem do linguístico. É esse, creio eu, o raciocínio talvez implícito que se encontra na base da recente expansão da "semiótica". Contudo, perdemos duplamente com tal assimilação, dado que a significação não é uma associação como as outras: a associação implica a possibilidade de conceber de maneira autônoma cada uma das entidades associadas. Ora, o significante só existe porque tem um significado, e inversamente; eles não são duas entidades existindo por si sós, livremente, e que decidimos unir a partir de dado momento; interdita-se, portanto, o conhecimento exato da significação linguística, querendo fazer dela uma associação. Ao mesmo tempo, oculta-se a especificidade dos processos simbólicos, impondo-lhes a categorização (ou, em caso mais benigno, a terminologia) própria da linguagem e da significação; pois mesmo que se tenha feito uma concessão inicial, pondo a água simbólica no vinho da significação, não se projeta menos, em seguida, os traços específicos da linguagem num campo bem distinto, aquele do simbolismo. Falar de "linguagem" e de "significação" para qualquer coisa só pode ser factível se esvaziarmos esses termos de seu conteúdo específico (e o único que interessa).

Signo, símbolo

Isso nos leva à dupla problemática do *signo* e do *símbolo*. Poderíamos primeiramente nos questionar sobre a justeza das descrições que fornecemos.

A teoria mais difundida, de Platão a Saussure, só vê a diferença na *motivação*, aqui presente, acolá ausente; o significante assemelha-se, ou não, ao significado. Mas não podemos falar de motivação (isto é, de uma espécie de associação) no caso da significação linguística. Comparamos então o incomparável; além disso, a motivação pode estar mais ou menos presente, mais ou menos esquecida: isso não impede um símbolo de permanecer em sua condição.

Outra teoria, de origem também antiga, mas que se tornou popular, sobretudo desde os românticos (para quem a dupla é frequentemente "símbolo" e "alegoria", sendo que esta toma o lugar do "signo"), vê a diferença no caráter *inesgotável* do símbolo, o caráter claro e unívoco do signo (ou da alegoria). Nesse caso, faz-se de uma das consequências do processo a descrição do próprio processo: a associação pode, com efeito, prolongar--se indefinidamente, ao inverso do caráter fechado da relação significante-significado; mas, para compreender esse fato, é preciso primeiramente ver que há uma associação, enxertada (ou não) sobre a significação.

Portanto, a ideia do signo direto, do símbolo indireto, que é muito antiga, pois era a de Clemente de Alexandria e a de Santo Agostinho, permite compreender melhor os fatos. Porém, poderíamos perguntar se há uma utilidade qualquer em formar essa dupla, na medida em que se implica assim uma entidade preexistente, que em seguida se separaria em signo e símbolo. As duas noções não se situam no mesmo plano e de fato permanecem incomparáveis. Temo que a semiótica não tenha razão de existir, se deve ser o quadro comum da semântica (da linguagem) e da simbólica: não se faz *uma* coisa nova reunindo, por exemplo, o sol e as plantas; "semiótica" só me parece aceitável na medida em que é sinônimo de "simbólica".

Linguística, simbólica

Voltemos um pouco atrás: por que continuar a estudar o simbolismo *linguístico* e não o simbolismo *tout court*, dando

Simbolismo e interpretação

assim uma importância pouco justificada àquilo que é só um modo de transmissão dentre outros? A resposta, para mim, é dupla. Em primeiro lugar, porque os conhecimentos de que já dispomos sobre o simbolismo verbal são de uma riqueza incomparável em relação àqueles que concernem a outras formas de simbolismo. (Conhecimentos, é verdade, dispersos em campos tão variados quanto a lógica e a poética, a retórica e a hermenêutica.) Em seguida, porque o simbolismo linguístico é o mais fácil de manejar (de preferência palavras sobre uma página, e não animais de circo ou os modos de uma sociedade), mesmo sendo provavelmente a manifestação mais complexa do simbolismo. Razões então estrategicamente importantes, mas que não devem mascarar a contingência da junção entre "simbolismo" e "linguística".

A associação, que não se encontrava na significação, não está apesar disso ausente do linguístico (fora mesmo dos fatos de simbolismo); é preciso buscá-la não nas relações entre significante e significado, mas naquelas entre as palavras ou entre as frases: relações de coordenação e de subordinação, de predicação e de determinação. De generalização e de inferência. A ideia de um quadro comum para o estudo dos fatos discursivos desse gênero e dos fatos simbólicos, como os tropos ou a alusão, mesmo que amiúde não esteja explicitamente afirmada, não deixa de estar presente na tradição: Aristóteles classifica os tropos exatamente da mesma forma que os silogismos; a teoria clássica das "ideias acessórias" (desde a *Lógica* de Port-Royal até Condillac, passando por Du Marsais) permite tratar no mesmo plano a relação entre sujeito e predicado, por um lado, sentido próprio e figurado, por outro. As diferenças existem, é claro, e descobrir um quadro comum também significa situá-los com mais precisão: todas advêm do fato de que os *dois* termos associados estão presentes no discurso, enquanto *um só* dentre eles o está na evocação simbólica; por conseguinte – eu o digo sem esperar demais que meu uso seja adotado universalmente –, o receptor *compreende* os discursos, mas *interpreta* os símbolos.

Simbolismo e interpretação

De fato, eu gostaria de propor a *solidariedade do simbólico e da interpretação* (como também o faz Ricœur), que para mim são duas vertentes, produção e recepção, de um mesmo fenômeno. Por conseguinte, não creio que seu estudo isolado seja desejável, nem mesmo possível. Um texto ou um discurso se tornam simbólicos a partir do momento em que, por um trabalho de interpretação, descobrimos neles um sentido indireto. Schelling escrevia: "Para dizer a verdade, o encantamento da poesia homérica e de toda a mitologia repousa sobre o fato de que elas contêm também a significação alegórica como *possibilidade* – poderíamos também alegorizar tudo". Poderíamos, e isso é essencial. Contudo, nem por isso alegorizamos tudo; exigimos, em princípio, que o próprio texto nos indique sua natureza simbólica, que ele possua uma série de propriedades observáveis e incontestáveis, pelas quais nos induz à leitura particular que é a "interpretação". Começamos pela resposta, pela reação interpretativa, mas voltamos à questão colocada pela simbologia do próprio texto.

A produção e a recepção dos discursos originaram, no passado, duas disciplinas diferentes, que são a retórica e a hermenêutica. Felizmente, esses dois corpos do saber nem sempre se mantiveram num isolamento deplorável. Na origem, o verbo

Simbolismo e interpretação

herméneuein designa tanto — se não mais — a atividade de produção dos discursos quanto aquela de sua compreensão. É a partir das categorias da retórica ciceroniana que Santo Agostinho desenvolve a primeira grande hermenêutica cristã. É por um gesto exatamente simétrico que, treze anos depois, Du Marsais inaugura o último brilhante período da retórica, revirando as categorias hermenêuticas elaboradas nesse ínterim no quadro retórico (como se a passagem entre profano e sagrado fosse necessariamente acompanhada pela passagem entre produção e recepção). O fundador da hermenêutica geral, Schleiermacher, afirmará explicitamente a unidade das duas disciplinas: "O parentesco da retórica e da hermenêutica consiste no fato de que todo ato de compreensão é a inversão de um ato de fala". (Seu contemporâneo Ast escrevia também: "Compreender e explicar uma obra é uma verdadeira reprodução ou reconstrução do já construído".) Os *tipos* de discurso, ou escolha entre todas as possibilidades oferecidas à produção textual, têm seu *pendant* nas *estratégias* interpretativas, ou maneiras de ler, codificadas pelas diferentes escolas exegéticas. F. A. Wolf notava que "a explicação do poeta tem regras diferentes daquelas do prosador"; F. Schlegel perguntava: "Há também uma filologia épica, lírica, dramática?"; e Schleiermacher faz, em relação aos textos, uma verdadeira tipologia dos discursos, indo do lírico ao científico, passando pelo epistolar, o didático e o histórico.

Dois níveis de generalidade

Minha exposição se divide em duas partes, *Simbólica da linguagem* e *Estratégias da interpretação*. Não por causa destes dois pontos de vista, simbolismo e interpretação (que encontraremos, ao contrário, solidários em toda parte), mas em função de dois níveis: o da *teoria geral*, que tenta dar conta de todas as possibilidades, e aquele da *estratégia particular*, de produção ou de recepção (apesar de eu me apegar sobretudo a essa última), "estratégia" que consiste justamente em escolher, em função de certos critérios, dentre todas as possibilidades que em todo momento se oferecem a nós. A questão das estratégias será longamente examinada na segunda parte; basta-me indicar aqui, por meio de dois exemplos aos quais não voltarei, em que consiste a diferença de nível, e por que certas distinções devem ser integradas no nível da estratégia, mais que no da teoria geral.

Leo Strauss escreve, no início de um de seus ensaios contidos na obra *Persecution and the Art of Writing* [Opressão e a arte de escrever]:

> Compreender as palavras de outro homem, vivo ou morto, pode querer dizer duas coisas diferentes, que no momento chamaremos de interpretação e explicação. Por interpretação queremos designar a tentativa de afirmar aquilo que o locutor disse e o modo pelo qual ele fez compreender aquilo que disse, tenha ele expressado ou não essa compreensão de maneira explícita. Por explicação, queremos designar a tentativa de afirmar as implicações de suas asserções, das quais ele mesmo não se dava conta. Por conseguinte, estabelecer que um enunciado é irônico ou falacioso pertence à interpretação do enunciado, enquanto estabelecer que um enunciado está fundamentado num erro ou é a expressão inconsciente de um desejo, de um interesse, de um preconceito ou de uma situação histórica pertence à sua explicação.

A distinção importante para Strauss não se passa entre sentido direto e indireto, dado que ambos estão do lado daquilo

Simbolismo e interpretação

que ele chama de "interpretação", mas entre duas formas de sentido indireto: aquele visado pelo autor e aquele que permanece inconsciente para ele (essa última leitura assemelha-se amplamente ao que Louis Althusser iria mais tarde chamar de "leitura sintomal"). Por sua vez, outro teórico da interpretação, E. D. Hirsch, ensina em *Validity in Interpretation* [Validade em interpretação]:

> O *sentido* é aquilo que é representado pelo texto, aquilo que o autor queria dizer por seu uso de uma sequência particular de signos. É aquilo que os signos representam. A *significância*, por outro lado, designa uma relação entre esse sentido e uma pessoa, ou uma concepção, ou uma situação, ou qualquer outra coisa imaginável.

O "sentido" é o sentido interno da obra, que inclui tanto o sentido direto quanto o indireto (é mesmo intencionalmente que o autor usa metáforas, ironias e subentendidos), enquanto a "significância" resulta da inclusão da obra em outro contexto. Portanto, aqui ainda, a distinção separa duas formas daquilo que chamo de sentido indireto, uma centrípeta, outra centrífuga.

Tais distinções podem ser mais ou menos fundamentadas, conduzir a resultados mais ou menos interessantes. O que me importa na presente perspectiva é que elas se situam, já de partida, num outro plano, diverso daquele em que escolhi me colocar. Tomem o ponto de vista da produção (Hirsch) ou da recepção (Strauss): eles introduzem, no campo da morfologia das formas simbólicas ou interpretativas, normas que lhes são exteriores; que permitem, por projeção, distinguir entre espécies de sentido ou de compreensão; e que, enfim, de modo nem sempre explícito, mas nem por isso menos importante, induzem a julgamentos de valor: sente-se bem que a "explicação" tem mais valor que a "interpretação" aos olhos de Leo Strauss, assim como o "sentido" é mais digno de respeito que a "significância" para E. D. Hirsch.

Minha ambição

Minha ambição, nas páginas seguintes, será mais mostrar por que várias interpretações são possíveis, e como elas funcionam, que procurar valorizar algumas dentre elas, ou mesmo agrupá-las em relação a tal ou tal norma; mais que normativo, tento permanecer, na medida do possível, descritivo. Não tenho uma "teoria do símbolo" ou uma "teoria da interpretação" novas para propor (talvez por ter lido muito as dos outros). Procuro estabelecer um quadro que permita compreender como tantas teorias diferentes, tantas subdivisões irreconciliáveis, tantas definições contraditórias puderam existir – comportando, cada uma, e essa será minha hipótese, uma parte de verdade, mas que só se afirmou ao preço de pôr entre parênteses outros aspectos do mesmo fenômeno. Não tento decidir sobre o que é um símbolo, o que é uma alegoria, nem como encontrar a boa interpretação, mas compreender, e se possível manter, o complexo e o plural.

1
A simbólica da linguagem

> O parentesco da retórica com a hermenêutica
> consiste no fato de que todo ato de compreensão
> é a inversão de um ato de fala.
>
> Friedrich Schleiermacher

A decisão de interpretar

Acomodação, assimilação

Todo processo psíquico, dizem, comporta duas fases ou dois aspectos, que Piaget chama de *acomodação* e *assimilação*. O psiquismo humano, em qualquer momento, é rico de certos esquemas que lhe são próprios e, quando se encontra confrontado com ações e situações que lhe são estranhas, reage, de um lado, adaptando os esquemas antigos ao novo objeto (é a acomodação); e, por outro lado, adaptando o novo fato aos esquemas antigos (é a assimilação).

O processo interpretativo também comporta essas duas fases (que se seguem aqui numa ordem fixa). Primeiramente, deve-se distinguir a sequência verbal para a qual é necessária uma interpretação; essa percepção da diferença é condicionada pelo fato de que a sequência não se deixa absorver pelos esquemas disponíveis; reconhece-se então, num primeiro momento, o fato novo, adaptando-se a ele (acomodação). Em seguida, absorvem-se essa novidade e essa não integrabilidade, submetendo-as à interpretação, isto é, fazendo-se associações, até que a sequência verbal se torne conforme aos esquemas já construídos (assimilação). É exatamente isso que sabiam os analistas sânscritos de poesia, cuja posição é assim resumida por Mammata: é preciso, *em primeiro lugar*, que se manifeste uma incompatibilidade entre o sentido primeiro da palavra e o contexto. *Em seguida*, é preciso que exista uma relação de associação entre o sentido primeiro e o sentido segundo.

Seguirei essa bipartição em minha exposição, dedicando este capítulo à primeira fase: às *condições necessárias para que uma decisão de interpretar seja tomada*; e estudando, nos capítulos subsequentes, os aspectos essenciais da própria associação simbólica.

Princípio de pertinência

Para dar conta do encadeamento do processo interpretativo, deve-se propor, de partida, que a produção e a recepção dos discursos (portanto, dos enunciados e não das frases) obedecem a um *princípio de pertinência* bem geral segundo o qual, se um discurso existe, deve mesmo existir uma razão para isso. De forma que, quando à primeira vista um discurso particular não obedece a esse princípio, a reação espontânea do receptor é investigar se, por uma manipulação particular, tal discurso não poderia revelar sua pertinência. "Interpretação" (sempre no sentido estrito) é o nome que damos a essa manipulação.

Foram os filósofos da linguagem que recentemente chamaram a atenção para a existência de tal princípio, mesmo que habitualmente tenham se limitado mais a casos particulares de troca verbal que visado à totalidade da produção discursiva.

Simbolismo e interpretação

Paul Grice, analisando a "lógica da conversação", sugeriu que esta obedece a um princípio de cooperação, que podemos formular assim: "A todo o momento, dê sua contribuição à conversação de forma apropriada à finalidade ou à direção aceitas da troca verbal na qual você está engajado". Se *A* pergunta a *B* como vai o trabalho de *C* no banco, e *B* responde: "Vai bem, ele ainda não está na prisão", trata-se de uma resposta não pertinente. Contudo, como não há motivos para que *B* viole o princípio de cooperação, *A* buscará algo que possa tornar essa resposta pertinente e encontrará um complemento: "apesar de ele ser desonesto". Reconhecemos aí a técnica da alusão e o que nos leva a buscá-la é certa incoerência na sequência dos propósitos.

É o mesmo processo descrito por Oswald Ducrot (*Princípios de semântica linguística: dizer e não dizer*),[1] que se pergunta não mais sobre a relação de duas proposições sucessivas, mas sobre o enunciado isolado.

> O tema central dessas leis, em nossa coletividade linguística, é de que a fala é motivada, que não se fala por falar – o que é reputado como um defeito – nem para perfazer um rito – o que é reputado como superstição –, mas porque há uma utilidade em fazê-lo, que pode ser aquela do locutor, do destinatário ou de um terceiro qualquer [...]. Disso decorre a possibilidade, perpetuamente aberta, de colocar e de buscar, em todo discurso, as "alusões". Fazer a Paulo o elogio de Pedro pode dar sempre "o ar" de se oferecer a Paulo o modelo de Pedro. Observar a hora para alguém pode querer dizer (visto que não se "fala à toa") que se pede que ele se vá...

---

1 Ducrot, *Princípios de semântica linguística: dizer e não dizer*. (N.T.)

O princípio de pertinência de que falo é somente uma generalização daquilo que Grice chama de cooperação, e Ducrot, de motivação. Todavia, nem sempre é fácil definir a natureza da pertinência. Grice e Ducrot referem-se a reações "naturais", universais e eternas. Isso sem dúvida é verdadeiro para o próprio princípio, mas o conteúdo das normas de pertinência é variável, em função do quadro ideológico dentro do qual se está situado. Se por um lado é relativamente fácil concordar sobre o que é não pertinente (e que consequentemente demanda a interpretação), por outro é quase impossível estabelecer com precisão que tal enunciado é suficientemente pertinente e, portanto, não autoriza a interpretação. O campo do interpretável corre sempre o risco de estender-se. Essas extensões encontram-se justificadas, no lado da interpretação, pela referência a um *quadro ideológico*; e, no lado da produção, pela submissão a um *gênero*, que nada mais é, segundo Bœckh, que um contrato estabelecido entre o autor e o leitor, decidindo sobre o modo de leitura a ser seguido (um acontecimento sobrenatural deve ser interpretado dentro de uma narrativa realista, mas não deve sê-lo dentro de um conto fantástico). Não abordarei aqui a questão dos gêneros, problema bem estudado em nossos dias.

Em busca de indícios textuais

A referência ao quadro ideológico, que permite fixar o limiar da pertinência, nem sempre se apresenta como tal; ela aprecia dissimular-se por trás das propriedades objetivas do texto – chega-se aí à produção. Pode-se assim constatar que, ao longo da história da exegese, buscou-se fundar a decisão de interpretar diante da presença de certo número de indícios propriamente textuais (sem falar dos casos em que o enunciador indica, metalinguisticamente, que é preciso interpretar, dando ao seu texto um título como "Alegoria" ou começando seu discurso como Cristo: "Agora, falarei por meio de parábolas"). Poderíamos dividir esses indícios (é necessário entender essa palavra no sentido que ela tem na hermenêutica: é o meio de assinalar um estatuto textual e induzir assim a uma forma de leitura) em dois grandes grupos: eles advêm do contato do segmento presente com outros enunciados pertencentes ao mesmo *contexto* (*indícios sintagmáticos*), ou com o saber compartilhado de uma comunidade, com sua *memória coletiva* (*indícios paradigmáticos*) – o que, contrariamente às aparências, não nos conduz para fora do contexto.

Indícios sintagmáticos

Quando os indícios são encontrados nas relações do enunciado com seu contexto sintagmático, podem-se ainda distinguir dois grupos, que chamarei de indícios por falta e por excesso. *Por falta*: o exemplo mais claro é a contradição – a cada vez que dois segmentos de um texto se contradizem, o intérprete será tentado a transformar o sentido de um (ou dos dois). É preciso contar também com essa forma enfraquecida da contradição que é a descontinuidade (no interior da frase, entre frases, entre parágrafos etc.), seja ela propriamente semântica ou mesmo estilística. *Por excesso*: o caso extremo é a tautologia, e sabemos que as tautologias idiomatizadas (um tostão é um tostão etc.) implicam interpretações diferentes para cada ocorrência da mesma palavra. O mesmo ocorre com a repetição, ou com sua variante mais difusa, a superfluidez (ou superabundância): mas voltamos aqui ao próprio princípio de pertinência, despojado de justificativas linguísticas.

Indícios paradigmáticos

Quanto aos indícios provenientes de uma confrontação entre o enunciado presente e a memória coletiva de uma sociedade, podemos também distinguir dentre eles várias espécies, segundo a natureza do saber compartilhado ao qual se faz referência. Há primeiramente o caso de tudo aquilo que é ininteligível, incompreensível com a ajuda de um dicionário e de uma gramática comuns, em relação ao que só se podem adotar duas atitudes: ignorar ou interpretar. Em seguida vem o conjunto dos conhecimentos comuns que fixam os limites daquilo que é (cientificamente) possível num dado momento da história; é o verossimilhante (físico) de uma sociedade, e a cada vez que um enunciado particular o transgride, pode-se tentar interpretá-lo para recolocá-lo em acordo com esse verossimilhante. É enfim o verossimilhante cultural, isto é, o conjunto das normas e dos valores que determinam o que é conveniente no seio de uma sociedade; as inconveniências podem ser absorvidas pela interpretação (a referência ao quadro ideológico é muito pouco mascarada aqui).

Há ainda outra maneira de se referir ao verossimilhante cultural, mas nesse caso nos absteremos de indícios: muitas inferências se tornam automáticas e a presença do antecedente provoca inevitavelmente a do consequente, ou inversamente.

As frases que seguem figuram no primeiro capítulo de *Hadji--Murat*,[2] de Tolstói:

> Hadji-Murat era um tenente de Chamil, célebre por seus feitos; habitualmente só se deslocava com sua bandeira e uma escolta de dez cavaleiros que gravitavam em torno de si. Naquele dia, envolto num casaco curto de feltro com capuz, que deixava entrever sua carabina, ele seguia, na companhia de um único guarda-costas, esforçando-se para permanecer o mais despercebido possível, e seus vivos olhos negros fixavam todos os habitantes que encontrava.

O comportamento furtivo de Hadji-Murat é por nós automaticamente associado à presença do perigo e do desejo de esconder-se: um evoca o outro sem que se tenha necessidade de um indício qualquer, incitando à interpretação. É da mesma maneira que, nos romances "psicológicos", o leitor infere e constrói o caráter dos personagens.

Exemplos de simbolização: São João da Cruz

Tomarei vários exemplos de práticas textuais ou exegéticas para ilustrar as distinções que precedem.

Nos poemas místicos de São João da Cruz o problema se coloca assim: à primeira vista, o texto fala de amor carnal e não menciona nenhuma noção espiritual; por outro lado, sabemos, por meio dos comentários que o próprio autor faz em suas obras e pelo contexto global de sua produção, que se trata

---

2 Tolstói, *Hadji-Murat*. (N. T.)

mesmo de textos místicos, que falam do amor divino. Mas será que há, no próprio texto, indícios que levem à interpretação? Lemos no *Cântico da alma* (o título é evidentemente um primeiro indício essencial): *Eu estava*

Sem outra luz nem guia
Senão aquela que queimava em meu coração

e algumas linhas depois:

Oh! Noite, que me guiou!

O guia único é uma vez chamado de "noite", outra vez de "luz que queima em meu coração". Se admitirmos a unicidade desse guia e supusermos que o discurso esteja conforme ao princípio de pertinência, seremos levados à seguinte conclusão: a noite, ou a luz, ou ambos não devem ser tomados em seu sentido literal (além do que não somente são diferentes, mas opostos).

Outros indícios são menos claros. Dois versos da segunda estrofe descrevem o mesmo acontecimento: *Saí*

No escuro e em segurança
....
No escuro e escondido

Que a segurança caminhe mal com a dissimulação é só um elemento do verossimilhante cultural; nada há nisso de impossível; não obstante, somos tentados a buscar um sentido segundo para essa "saída". O mesmo ocorre quando o sujeito se descreve:

Simbolismo e interpretação

Ardente de um amor cheio de angústias,
Oh, feliz acaso!

A combinação da angústia e da felicidade choca apenas nossas ideias correntes sobre a psicologia, mas isso conta.

Maeterlinck

Uma página de *Pélleas et Mélisande*,[3] de Maeterlinck, nos familiarizará com outros indícios de sentido segundo:

Golaud: Quem vos fez mal?
Mélisande: Todos! Todos!
Golaud: Que mal vos fizeram?
Mélisande: Não posso dizer! Não posso dizer!
Golaud: Vamos; não chore assim. De onde vens?
Mélisande: Eu fugi!... Fugi... Fugi!
Golaud: Sim, mas de onde fugistes?
Mélisande: Estou perdida!... Perdida aqui... Não sou daqui... Não nasci aqui...
Golaud: De onde és? Onde nascestes?
Mélisande: Oh! Oh! Longe daqui... longe... longe...

Os indícios, dessa vez, são visíveis; talvez não seja um acaso que se trate de um drama *simbolista*. O primeiro é a repetição: Mélisande repete quase cada uma de suas palavras. Teria ela

---

3 Obra publicada em 1892. A ópera homônima, inspirada nesse texto, foi composta por Claude Debussy e representada na Opéra-Comique de Paris em 1902. (N. T.)

feito isso se essas palavras só tivessem seu sentido comum? Não existe aí uma incitação para procurar-lhes um sentido segundo, mais "profundo"? Em seguida há a descontinuidade: Mélisande não responde quase a nenhuma das perguntas que lhe são feitas. Pouco depois, na mesma cena, assistimos a trocas desse gênero: "*Golaud*: Por que estás com esse ar tão surpreso? *Mélisande*: Sois um gigante?". Ou ainda: "*Golaud*: Quantos anos tens? *Mélisande*: Começo a ter frio...". Outra particularidade dos propósitos de Mélisande desempenha um papel importante: é sua indeterminação, que convoca a imaginação do leitor ou do auditor. Suas frases são ou propriamente negativas ("não posso dizê-lo", "não sou daqui") ou de uma referência extremamente vaga ("longe daqui..."). Adicionem-se a isso, evidentemente, os elementos do código gráfico: pontos de exclamação ou de reticências.

Henry James

Nos salões mundanos do final do século XIX, deparamo-nos com outro tipo de indício, tal como descrito por Henry James em *L'Âge difficile*[4] [A idade difícil]. Eis aqui uma troca de proposições entre Mrs. Brookenham e sua filha Nanda:

— Mas ela [a duquesa] nunca teve de pagar por *nada*!
— Você quer dizer que você teve de pagar?...

A frase de Mrs. Brook não é nem contraditória nem repetitiva, e não evoca nenhum acontecimento inverossímil.

---

4 James, *L'Âge difficile*. (N. T.)

Entretanto, sua filha se crê autorizada a interpretá-la como um subentendido: é porque, do contrário, essa frase teria transgredido a regra que bane qualquer superfluidez. A barra de pertinência é altamente elevada no salão de Mrs. Brook: não se diz "*X é a*", a menos que se deseje sugerir: "mas eu não o sou"; de outro modo, o enunciado seria banal e, portanto, inútil.

Tolstói

Leiamos ainda essas duas frases que se seguem no prólogo de *Hadji-Murat*, de Tolstói: "Que energia, pensei, o homem venceu tudo, destruiu milhões de plantas, mas esta aqui não se rende. E lembrei-me de um antigo caso no Cáucaso, a que assisti parcialmente e sobre o qual me contaram em parte as testemunhas, sendo que imaginei o resto".

O narrador vê um cardo[5] no campo e em seguida se lembra de uma história. Nenhuma relação explícita une esses dois acontecimentos. Apesar disso, sua simples sucessão no espírito do narrador ou, o que dá no mesmo, no texto submetido à leitura, basta para indicar-nos que há mesmo um laço entre os dois. Dado, justamente, que esse laço não é causal e narrativo, só pode ser textual e simbólico: somos convidados a interpretar o cardo como a imagem alegórica do ser cuja história será contada, e isso unicamente por referência ao princípio de pertinência, segundo o qual nenhuma frase, nenhuma sucessão

---

5 Cardo é um termo genérico que designa inúmeras plantas espinhosas da família das *Asteraceæ*. Embora sejam chamadas de ervas daninhas, algumas delas têm atrativos ornamentais. (N. T.)

de frases pode ser gratuita: não "quem se parece se junta", mas "quem se junta se parece"[6]...

Exemplos de interpretação

Observemos agora o procedimento numa escola de exegese. É primeiramente possível que uma doutrina filosófica formule esse postulado de que tudo existe para ser interpretado; nesse caso, abrimos mão de indícios textuais e mal podemos falar de regras exegéticas, de tanto que a coisa se torna fácil. Tal é a situação para o simbolismo medieval, em que todo o universo é tido como símbolo de Deus (o mundo é um livro): nenhum indício particular é exigido para encadear a interpretação. Ocorre um pouco disso com o platonismo, em que os fenômenos visíveis são necessariamente a encarnação de ideias imateriais. Guardadas todas as proporções, podemos dizer a mesma coisa da interpretação psicanalítica.

Apesar de ser dotada de um apetite exorbitante, a exegese religiosa ou sagrada buscou formular critérios relativamente restritos. Nela, o tipo de indício mais frequente é a inconveniência: um texto deve ser interpretado porque, do contrário, não ilustraria mais a santidade divina. O pseudo-Heráclito já escrevia, a propósito de Homero, cuja epopeia havia assumido o papel de um texto sagrado: "Em Homero, tudo é impiedade

---

[6] Em francês: non *"qui se ressemble s'assemble"*, mais *"qui s'assemble se ressemble"*. Com jogos de palavras, o provérbio faz sempre referência ao ato de se unir. No *Petit Larousse Illustré*, a interpretação é: "aqueles que têm os mesmos pendores buscam-se mutuamente". (N. T.)

se ele não empregou nenhuma alegoria"; situação escandalosa que será tratada, precisamente, com a ajuda do remédio alegórico. E Frazer tem razão em escrever que "a história das religiões não passa de um longo esforço para conciliar um costume antigo com uma nova razão": em nosso campo, esse esforço toma a forma da interpretação.

Vejamos Fílon de Alexandria para observar a natureza dos indícios sobre os quais se baseia um representante típico da exegese religiosa alegórica (minhas citações provêm das *Legum allegoriæ*).

Contradição:

Entretanto, Adão não está nu: "Eles fizeram vestes para si", foi dito pouco antes; com isso, o autor sagrado deseja informá-lo de que não fala da nudez do corpo, mas daquela em que se encontra o intelecto, que em nada participa da virtude, que está nu e desprovido dela. (III, 55)

Descontinuidade:

"Deus disse à mulher: Por que você fez isso? E ela respondeu: A serpente enganou-me e comi do fruto proibido" (Gn 3,13). Deus pergunta alguma coisa a uma sensação [que é, alegoricamente, a mulher] e ela responde outra; de fato, Ele lhe pergunta algo sobre seu marido, e ela não fala dele, mas de si própria, dizendo: "Eu comi", e não "Eu dei a ele". Não é, então, pela explicação alegórica que resolvemos as dificuldades, mostrando que a mulher responde diretamente à questão colocada? (III, 236)

Superfluidez:

> Por que depois das palavras "o verdor dos campos" ele continua "e toda planta", como se fosse impossível ao verdor ser planta? É que o verdor dos campos é o inteligível, faz vicejar a inteligência, e a planta é o sensível, que é também um germe, o da parte irracional da alma. (I, 24)

Inverossimilhança:

> Uma dessas mulheres é a esposa de Pentephres, o chefe das cozinhas do Faraó. É preciso examinar como, apesar de ser eunuco, ele tem uma mulher, pois para aqueles que se ocupam da letra da Lei, mais que de seu sentido alegórico, isso se apresentará como um problema. (III, 236)

Inconveniência:

> Não sejamos tolos a ponto de acreditar que Deus emprega, para soprar, os órgãos da boca e das narinas: Deus não entra em nenhuma categoria de qualidades... A expressão tem um sentido ainda mais profundo. (I, 36-37)

E assim por diante...

A crítica literária moderna se fundamenta, em sua prática de interpretação, em postulados aventados pela estética romântica, e antes de tudo sobre aquele da forma orgânica (a tal ponto que mereceria o rótulo de "crítica orgânica"). Tudo, na obra, se corresponde, tudo concorre para uma mesma "imagem no tapete",[7] e a melhor interpretação é aquela que permite "integrar" o número mais elevado de elementos textuais. De partida, já estamos mal armados para a leitura do descontínuo, do incoerente, do não integrável. Podemos enfim imaginar a ausência tanto de indícios particulares quanto de um princípio global que obrigue à interpretação – e que, entretanto, o sujeito não cessa de interpretar... O caso existe, mas não faz parte das estratégias exegéticas admitidas: é isso que, na psicopatalogia, chamamos de "delírio interpretativo", e que é uma forma de paranoia. O que sugere, por inversão, que nossa sociedade exige mesmo uma motivação para toda decisão de interpretar.

---

[7] Provável referência que Todorov faz ao romance de Henry James, *L'Image dans le tapis* (*The Figure in the Carpet*, publicado em *Embarrassements*), em que este trata da literatura e da arte comparando-as com um desenho no tapete que só poderia ser percebido por aqueles que observam com muita atenção. No livro, um escritor julga ter feito uma crítica inteligente da última obra de Hugh Vereker, mas este lhe explica que faltou o mais importante, algo particular que deve ser buscado por todos os críticos e que está presente em seu romance: "Meu segredo, como um desenho complicado num tapete persa". O narrador se lança nessa busca, mas sem resultados palpáveis. Em outro trabalho (*Le secret du récit: Henry James*, *Poétique de la prose*), Todorov indica: "A busca do segredo jamais deve terminar, pois ela constitui o próprio segredo". (N. T.)

O papel da estrutura linguística

Uma vez tomada a decisão de interpretar, pega-se o caminho da associação (ou "evocação") simbólica, que permite absorver a estranheza constatada; essa evocação comporta múltiplos aspectos. Mais que buscar fundamentar na razão essa multiplicidade, examinarei em cada um dos capítulos subsequentes uma das *cinco* grandes categorias que me parece indispensável isolar, se quiser prosseguir com este discurso simultaneamente geral e particular que mantenho aqui. O primeiro grupo de problemas em que me deterei está ligado ao efeito exercido pela estrutura linguística do segmento interpretável durante o próprio curso da interpretação. E em primeiro lugar: se nos ativermos às distinções dentro da matéria verbal, disso decorrerão as formas do simbolismo linguístico?

Simbolismo lexical e simbolismo proposicional

Nos comentários rabínicos do Pentateuco encontramos o seguinte exemplo: é dito na Bíblia que mesmo os animais serão recompensados por Deus; e o comentário prossegue: "E não poderíamos raciocinar *a fortiori*: se isso se dá para um animal, com mais forte razão Deus guardará sua recompensa para o homem?". Uma única proposição é apresentada no texto comentado: "os animais serão recompensados", mas ela nos permite: *a)* compreender seu sentido, que é *os animais serão recompensados*; e *b)* atribuir-lhe uma interpretação secundária, indireta, que é: *os homens serão recompensados*. Deixemos de lado o procedimento *a fortiori*, ou *qal wahômèr*, essencial na glosa rabínica, e retenhamos o resultado global: o significante de uma única proposição nos induz ao conhecimento de dois significados, um direto e outro indireto.

Imaginemos agora que na proposição "os animais serão recompensados", o termo "animais" seja utilizado de forma metafórica para designar, por exemplo, os humildes de espírito. A palavra "animal" evocará, por um lado, diretamente, o sentido de *animal*; por outro, indiretamente, o de *pobre de espírito*. Um único significante nos induzirá, novamente, ao conhecimento de dois significados.

O simbolismo linguístico define-se por meio desse transbordamento do significante pelo significado; portanto, estamos em presença de dois exemplos do funcionamento simbólico da linguagem. Seu parentesco é evidente; em que consiste a diferença? Ela está na natureza da unidade linguística que será submetida ao processo simbólico: essa unidade permite ou não manter a asserção diretamente formulada. No primeiro caso, a asserção sendo mantida, a proposição inicial *os animais serão recompensados* presta-se à prova de verdade; no segundo, em contrapartida, não há por que se perguntar se os animais, no sentido próprio, serão ou não realmente recompensados; não se trata disso; somente a proposição que concerne aos homens pode ser dita verdadeira ou falsa. Ou ainda, se quisermos explicitar tudo o que nos comunicam esses dois segmentos, teríamos, no primeiro caso: 1) os animais serão recompensados; 2) os homens são como os animais (melhorados); 3) os homens também serão recompensados: três proposições. No segundo caso: 1) certos homens são como os animais; 2) esses homens serão recompensados: duas proposições. O elemento que se interpreta no primeiro caso é uma *proposição*, enquanto no segundo ele é inferior à proposição: é uma *palavra* ou um *sintagma*. Falarei de *simbolismo proposicional* para designar os casos semelhantes ao primeiro, e de *simbolismo lexical* para os casos semelhantes ao segundo – lembrando que "lexical" não remete aqui ao léxico (que pertence à língua, não ao discurso, e de onde, por conseguinte, todo efeito simbólico está ausente), mas a segmentos inferiores à proposição, palavra ou sintagma, que não comportam asserções em si mesmos.

Histórico da oposição

Que eu saiba, ninguém na tradição ocidental buscou aproximar e distinguir esses dois fenômenos linguísticos dessa forma (precisamente). O que não quer dizer que a própria distinção tenha passado despercebida; mas ela recebe outras descrições, que tentarei mostrar agora serem menos satisfatórias.

A mais conhecida tem origem nos escritos dos Pais da Igreja. Parece ter sido Clemente de Alexandria o primeiro a formular nossa distinção, não como sendo de duas formas de simbolismo, é verdade, mas como a de duas definições possíveis do fato simbólico:

É por isso que Ele [o Senhor] usa metáforas da Escritura; a parábola é uma delas, discurso que, a partir de um objeto secundário, mas que responde a um objeto primeiro, conduz aquele que compreende à verdade essencial, ou mesmo, como dizem alguns, [é a] expressão que possui uma força particular para apresentar indiretamente as ideias principais. (*Stromates*, VI, 126, 4)

A parábola pode ser descrita *seja* como evocação de um objeto que, por sua vez, evoca outro, *seja* como uma expressão provida de vários sentidos, alguns diretos e outros indiretos. A mesma possibilidade de dupla descrição de um fato único aparece nos escritos de Santo Agostinho, esse grande sintetizador das tradições anteriores. Em *A doutrina cristã* ele integra, entre outras, a herança retórica a uma teoria semiológica geral; os tropos adquirem o estatuto de "signos transpostos" (*signa translata*). Mas a definição que Santo Agostinho oferece deles não é mais semelhante àquelas que encontrávamos na retórica (uma palavra empregada num sentido que não é o seu habitualmente). Ele indica:

Os signos são transpostos quando as próprias coisas que designamos pelas palavras convenientes designam, por sua vez, outra coisa. Por exemplo, dizemos "um boi" e compreendemos por essas duas sílabas o animal que costumamos chamar por esse nome. Por outro lado, esse animal nos faz pensar no Evangelista, que a Escritura, segundo a interpretação do Apóstolo, designou por estas palavras (1 Cor 9,9): "Não colocarás freio no boi que trilha o grão". (II, X, 15)

O tropo é definido aqui como um simbolismo das coisas transmitidas pela linguagem. A frase, que em Deuteronômio é atribuída a Deus e que fala do boi, é interpretada por São Paulo na Primeira Epístola aos Coríntios como concernindo àqueles que anunciam o Evangelho. Mas as mesmas palavras não mudam aqui de sentido; é o objeto boi que, num segundo tempo, evoca o Evangelista.

No entanto, uma página depois, Santo Agostinho cita outro exemplo de signo transposto. Ele comenta assim a frase do profeta Isaías: "Não despreze os membros de tua casa, nascidos de tua raça" (Is 58,7). "Poderíamos tomar as palavras 'os membros de tua casa, nascidos de tua raça' num sentido transposto e assim compreender os cristãos, nascidos espiritualmente conosco, da mesma raça, aquela do Verbo" (II, XII, 17). Aqui não há mais simbolismo das coisas; as palavras devem ser entendidas num sentido outro, como no caso dos tropos retóricos.

Esses dois exemplos divergentes não são o testemunho de uma confusão no espírito de Santo Agostinho, mas de seu desejo de ampliar a categoria do "transposto". Não são mais duas descrições do mesmo fenômeno, mas uma subdivisão em seu seio. A oposição será formulada com clareza ainda maior em *Da Trindade*, em que Santo Agostinho comenta a interpretação alegórica proposta por Sao Paulo das duas mulheres e dos dois filhos de Abraão, como a Jerusalém de cima e de baixo (Gl 4,22):

> Entretanto, quando o Apóstolo fala de alegoria, não é a respeito de palavras, mas a respeito de um fato: na passagem em que mostra que os dois filhos de Abraão, o da serva e o da mulher livre (não são palavras, mas fatos), significam os dois Testamentos. (XV, 9.15)

Essa fórmula está na origem de uma das mais importantes distinções da hermenêutica cristã, entre *allegoria in factis* e *allegoria in verbis*. "Alegoria" designa aqui o conjunto do simbólico; as alegorias "factual" (ou "real") e "verbal" são suas espécies. Vemos, pelos exemplos citados, que temos fatos idênticos àqueles que mencionei precedentemente a propósito dos simbolismos lexical e proposicional. Poderia ter dito que "os animais", entendidos no sentido de *homens humildes*, era uma mudança no sentido das palavras; e que no outro caso, inversamente, a própria coisa evocada (a recompensa dos animais) permitia deduzir um novo sentido (concernindo à recompensa dos homens). Qual das duas descrições é preferível?

O defeito da oposição alegoria verbal ou real deve-se ao fato de que ela é substancial e não revela o mecanismo que produz os dois fatos diferentes. Ela peca também por outro aspecto: é que os tropos (= alegoria verbal) são tão "reais" quanto as próprias alegorias reais. Se disser "o boi" para designar, por metáfora, o homem obtuso (não é o que São Paulo sugere), devo mesmo referir-me ao próprio animal para encontrar alguma semelhança com tal espécie de homens. Nesse aspecto, o caso não é diferente daquele em que as palavras designam mesmo o boi, mas em que este, por sua vez, evoca o Evangelista.

A oposição palavras-coisas, usada aqui, é uma maneira um pouco desajeitada de fazer referência ao fato de que o sentido da asserção inicial é mantido num dos casos e abolido no outro. Na "alegoria verbal", a asserção que concerne ao animal desaparece, e na "alegoria real" ela permanece. Esse próprio fato se traduz na diferença linguística entre os segmentos que servem de ponto de partida para a interpretação: palavra ou proposição.

Simbolismo e interpretação

O mesmo ocorre com as duas mulheres de Abraão. Se por "mulheres" se entendesse, por exemplo, *fraquezas*, não seria um esquecimento da coisa, mas uma abolição da primeira asserção: nada se diria das mulheres (no sentido próprio) de Abraão. São Paulo interpreta a frase de outro modo: Abraão tem mesmo duas mulheres (o sentido da primeira asserção é mantido), mas estas anunciam as duas Jerusaléns. Aqui como acolá, passa-se pelo mundo das "coisas"; só varia o estatuto da asserção inicial.

As mesmas observações valem para uma formulação um pouco diferente da mesma oposição, encontrada em São Tomás de Aquino. Oposição mais acentuada, pois, se Santo Agostinho admite todo simbolismo na Bíblia, São Tomás deixa o simbolismo lexical para os poetas e só reivindica, como modo de expressão divina, (uma das formas do) simbolismo proposicional. Partindo da mesma oposição *factis-verbis*, ele insiste no fato de que uma das interpretações é sucessiva e a outra simultânea:

> Erraríamos em acreditar que a multiplicidade dos sentidos mencionados possa causar equívoco ou dar lugar a qualquer outro inconveniente do múltiplo. De fato, segundo o que foi dito, não se os multiplica porque uma mesma palavra pode significar várias coisas; são as coisas significadas pelas palavras que se diz poder, por Deus, significar coisas novas. [...] Quanto à parábola [sinônimo da alegoria verbal, esta que os homens também podem manejar], está incluída no sentido literal; pois por meio das mesmas palavras que aí empregamos se encontram significadas *ao mesmo tempo* qualquer coisa no sentido próprio e qualquer coisa no sentido figurado, e nesse caso a letra da Escritura não é a própria figura, mas aquilo que ela figura. Quando, por exemplo, a Escritura fala do braço de Deus, o sentido literal

não é o de que Deus tem um membro de carne, mas sim o que se entende no sentido figurado pela palavra braço, isto é, uma potência ativa. (*Suma teológica*, questão I, artigo 10, soluções 1 e 3; o itálico é meu)

Não me aterei aqui à repartição sentido próprio/sentido transposto/sentido literal/sentido espiritual, que difere em Santo Agostinho e em São Tomás. Também é claro que na "alegoria real" deve-se, segundo São Tomás, *primeiramente* interpretar as palavras, *em seguida* as coisas que estas designam, enquanto na "alegoria verbal" (ou parábola) os dois sentidos são dados simultaneamente. Contudo, ainda aqui somente uma das descrições é exata. Para voltar ao nosso exemplo inicial, deve-se, é verdade, primeiramente compreender a frase "os animais serão recompensados" para em seguida deduzir que os homens o serão também. Mas o mesmo ocorre no outro caso: compreende-se de partida o sentido de *animal* e somente em seguida aquele de *humilde de espírito*; é por meio do sentido inicial de *animal* que atingimos o sentido segundo de *homens*; isso é o próprio de todo sentido indireto. E apesar do que São Tomás alega, ao ouvir falar do braço de alguém, pensamos primeiramente em um *braço* e só num segundo tempo, tendo decidido que esse sentido preambular é inadmissível, passamos do *braço* para a *potência ativa*. Ao mesmo tempo, percebemos bem o que São Tomás tem em vista: num caso, compreende-se a primeira proposição, depois se lhe *adiciona* uma segunda; no outro, apreende-se uma primeira interpretação, em seguida a *substituímos* por outra. Mas essa diferença decorre claramente da sorte reservada à asserção inicial, mantida no primeiro, abolida no segundo. No caso dos tropos, adiciona-se também o sentido; mas o daquele de uma

Simbolismo e interpretação

palavra, e não o de uma proposição. Em suma, o processo é o mesmo nos dois casos; se o resultado é diferente, é porque se aplica a entidades diferentes, palavras e proposições.

O mesmo problema é abordado na retórica de Quintiliano, sem que seja colocado em termos explícitos. Quintiliano opõe tropos e figuras, sem se decidir sobre as categorias subentendidas na oposição palavras (tropos)/proposições (figuras) ou forma (figuras)/sentido (tropos); de onde a tripartição árdua tropos/figuras de palavras/figuras de pensamento. Assim, a ironia aparece simultaneamente como uma subdivisão da alegoria (e, portanto, como um tropo) *e* como uma figura de pensamento – afirmações que Quintiliano tenta conciliar da seguinte maneira: "Em suma, assim como uma alegoria é constituída de uma sequência de metáforas, a ironia-figura é formada por uma série de ironias-tropos" (*Instituição oratória*, IX, 2.46). Mas se alegoria se opõe à metáfora como a figura ao tropo, ela não é mais um tropo? Outra indicação vai no mesmo sentido: o *exemplo* é apresentado como uma subdivisão da alegoria; ora, como apontam as ilustrações de Quintiliano, o *exemplo* diz respeito ao simbolismo proposicional, e não ao lexical (o mesmo ocorre com o *provérbio*, igualmente repertoriado); mas as instâncias da alegoria vão no sentido oposto: a alegoria nada mais é que a acumulação de várias metáforas tiradas do mesmo campo: "'Oh, navio, tu serás levado sobre o mar por novas vagas. Ah! Que fazes? Ganhas resolutamente o largo' e toda a passagem de Horácio, na qual o navio é o Estado; as ondas e as tempestades, as guerras civis; o porto, a paz e a concórdia" (VIII, 6.44).

Como indica o comentário de Quintiliano, trata-se aqui de várias palavras (metáforas) e não de uma proposição: não há asserção mantida sobre um navio real, que nos permitiria, num segundo tempo, compará-lo ao Estado. A metáfora examinada é, apesar de tudo, uma metáfora e não diz respeito ao simbolismo proposicional. Este não será explicitamente reconhecido na *Instituição oratória*. Ausente das obras retóricas ou hermenêuticas do Ocidente sob essa própria forma, a distinção entre simbolismo lexical e simbolismo proposicional parece ser contemplada na tradição sânscrita. Os fenômenos que nos interessam aqui foram num primeiro momento escritos separadamente e depois articulados em conjunto. Aquele que parece ter entrevisto pela primeira vez a totalidade do campo foi novamente Ānandavardhana, autor da teoria do *dhvani*; seu comentador, Abhinavagupta, foi o mais explícito a respeito:

> Abhinavagupta fala de quatro funções diferentes das palavras – *abhidhā, tātparya, lakṣaṇā* e *vyañjanā* – e ele as coloca em quatro classes separadas: *abhidhā* é a capacidade que as palavras têm de significar o sentido primeiro; esse sentido primeiro concerne ao universal e não ao particular. Mesmo tomadas numa frase, as palavras individuais só se referem, por sua função primeira de *abhidhā*, ao sentido da palavra isolada. A relação sintática entre as palavras é estabelecida pela *tātparyaśakti*. A intenção do locutor, ou o objetivo geral do enunciado, é evidentemente criar um sentido integrado da frase. Por isso, considera-se que as palavras têm a capacidade de estabelecer relação sintática entre os sentidos das palavras isoladas. Segundo essa teoria, *lakṣaṇā* é a terceira capacidade que é preciso reconhecer; ela só aparece quando os sentidos primeiros não podem ser sintaticamente combinados de modo a produzir um sentido global. Abhinavagupta indica que mesmo essa teoria deverá aceitar *vyañjanā* ou a sugestão como uma quarta função das palavras. (K. Kunjunni Raja, *Indian Theories of Meaning*)

Simbolismo e interpretação

Assim, das quatro espécies de significação, duas são diretas (*abhidhā* e *tātparya*), e duas indiretas (*lakṣaṇā* e *vyañjanā*). Além disso, os dois primeiros termos se opõem, como a palavra à proposição. Podemos então supor que tal é também a natureza da oposição entre as duas formas indiretas. Parece ter sido esse o aspecto tratado por Ānandavardhana em sua discussão da relação *lakṣaṇā-vyañjanā*, pois ele afirma que no primeiro caso o sentido da proposição inicial é abolido, enquanto no segundo é mantido: "*lakṣaṇā* funciona quando há uma espécie de inconsistência no primeiro sentido. Ele indica o sentido do tropo secundário após ter anulado o sentido primeiro. Entretanto, na sugestão não se tem a necessidade de eliminar o sentido primeiro".

Por outro lado, a diferença entre *tātparya* e *vyañjanā* encontra-se na opção direto-indireto; ambos dizem respeito à proposição:

> Abhinavagupta diz que quando uma expressão produz seu sentido literal próprio, e além disso sugere outro sentido, não é possível considerar esses dois sentidos como sendo estabelecidos pelas mesmas propriedades da linguagem. Um dos sentidos vem diretamente das palavras, enquanto o outro procede do sentido literal.

A insistência que faço para separar as duas espécies de simbolismo – quando o sentido da primeira asserção é mantido ou abolido – poderia aproximar essa distinção de outra, que também pode ser encontrada nas poéticas sânscritas. Segundo estas, duas espécies de tropos devem ser distinguidos: aqueles em que é preciso renunciar ao sentido primeiro para admitir o sentido segundo; e aqueles em que o segundo sentido adiciona-

-se ao primeiro sem suprimi-lo; em outras palavras, as duas asserções, literal e trópica (ou relativa aos tropos), podem ser compatíveis ou incompatíveis, inclusivas ou exclusivas. Um exemplo da primeira será a metonímia: não há nenhum vilarejo *sobre o* Ganges (se bem que se fale assim), mas somente *às margens* do Ganges. (A metáfora entra na mesma classe.) O segundo caso será ilustrado pela sinédoque: "As *lanças* entraram na sala" (para *os lanceiros*) não é falso, mas só descreve uma parte do fato, sendo o outro justamente evocado por tropo. (O mesmo ocorreria para a litote.) Não pode então a diferença entre simbolismo lexical e proposicional ser reduzida àquela entre metáfora e sinédoque? Basta comparar acima as instâncias de simbolismo proposicional e de sinédoque para perceber a importância das diferenças. No caso da sinédoque, trata-se de duas descrições do *mesmo fato* (a entrada dos lanceiros); uma das asserções descreve o fato mais completamente que a outra. No simbolismo proposicional, por outro lado, deduz-se da primeira proposição não uma melhor descrição do mesmo fato, mas a descrição de um *segundo fato*: de que os animais serão recompensados, conclui-se que os homens também o serão. Essa nova distinção dos críticos sânscritos de poesia, válida em si mesma, não coincide então com a minha.

Simbolismo do significante

Na presente perspectiva, ao repartir os fatos simbólicos em somente dois grupos — se a asserção inicial for mantida ou não e, por conseguinte, se a associação partir de uma proposição ou de uma palavra —, não deixo nenhum lugar no seio do simbolismo linguístico para os fenômenos bem conhecidos a que chamamos de *simbolismo fonético* ou de *simbolismo gráfico*. Este não

Simbolismo e interpretação

é um acaso; das duas, uma: ou esse simbolismo é independente do sentido das palavras, e então estamos na infralinguística, não no linguístico (esses fatos relevam do simbolismo sonoro ou visual; por exemplo, *i* evoca a pequenez); ou bem esse simbolismo implica o sentido das palavras, mas então ele só duplica uma motivação semântica indispensável, como quando Nodier pretende que a palavra *catacumba* simbolize foneticamente caixão, subterrâneo, catarata e tumba (voltarei a isso no capítulo "Estrutura lógica"). Por isso o estudo desses problemas não tem seu lugar aqui; contento-me então em remeter a uma precisão sobre essa questão (a referência será encontrada na "Bibliografia sumária" no final desta seção).

Outros efeitos do linguístico

Sublinhemos enfim que a repartição massiva que propus não é o único ponto sobre o qual a estrutura linguística determina a interpretação simbólica, longe disso. Comparemos estas duas frases:[1]

1. Você sabe que esta noite há um crime verde a cometer (*Les Champs magnétiques*).[2]

---

1 Em francês: 1) *Tu sais que ce soir il y a un crime vert à comettre.* 2) *Tu sais que ce soir il y a un crime vert dans la chambre à côté.* (N. T.)

2 Obra célebre, *Les Champs magnétiques* é uma coletânea de textos em prosa escritos em maio e junho de 1919 por André Breton e Philippe Soupault, publicada em maio de 1920. Fruto das primeiras aplicações sistemáticas da escrita automática, esse livro é considerado por Breton como a "primeira obra surrealista". A frase citada pertence ao texto "Glace sans tain" [Espelho sem estanho], que aborda o tema da desesperança. (N. T.)

2. Você sabe que esta noite há um crime verde no quarto ao lado.

A necessidade de interpretar é a cada vez assinalada por uma incompatibilidade no interior da frase (uma anomalia semântica): a combinação impossível é "crime verde". Mas no primeiro caso, é o "verde" que se torna o ponto de partida das associações (que é interpretado metaforicamente). Já na segunda frase, sob a ação do complemento circunstancial de lugar, as coisas mudam e não se tem mais certeza de que a interpretação não partirá de "crime", interpretando-o metonimicamente (como, por exemplo, "resultado de crime").

Tomemos estas duas outras frases:

1. Este homem é um leão.
2. Este leão é um homem.

A cada vez, é o predicado que fornece o ponto de partida das associações. Mas a motivação evocada no primeiro caso (digamos "coragem") não será a mesma que no segundo (preferencialmente "inteligência").

Tais fatos – e eles são inúmeros – dão testemunho da pertinência das estruturas sintáticas para a forma que a interpretação simbólica toma. Contudo, mais que à simbólica, eles dizem respeito à linguística (semântica), e devo contentar-me aqui em desejar que seu estudo seja efetuado, no quadro que lhes é apropriado.

A hierarquia dos sentidos

Os próprios termos que usamos habitualmente para designar o sentido direto e o sentido indireto traem uma hierarquia – que nem sempre é assumida por seu autor. Já vimos como a expressão "sentido metafórico" é desconcertante: ela induz a crer que a palavra *mudou* de sentido, e que o novo sentido pura e simplesmente eliminou o anterior. As coisas não caminham melhor quando chamamos, com I. A. Richards, ao primeiro sentido "veículo" e ao segundo "teor": apesar de ser adversário da teoria substitutiva da metáfora, Richards mantém aqui uma hierarquia rígida, dado que o sentido direto não passa de um instrumento para o outro e não tem "teor" em si mesmo. Ora, os dois sentidos (e frequentemente mais que dois) continuam bem presentes e, sendo diferentes quanto à sua posição hierárquica, não o são em sua natureza. Também não podemos falar aqui de "sentido manifesto" e de "sentido latente", pois ambos sabem perfeitamente se adaptar à consciência. "Denotação" e "conotação" dizem um pouco melhor, mas ainda podem induzir ao erro segundo o qual os dois sentidos são diferentes de natureza, enquanto as operações de sua produção, designadas por dois termos aparentados, são quase idênticas: a verdade é exatamente o contrário, a natureza do sentido é idêntica aqui e lá, e somente difere seu modo de existência.

Poderíamos, para tentar balizar a problemática da hierarquia, primeiramente situar uns em relação aos outros os casos particularmente claros daquilo que chamarei de discurso literal, discurso ambíguo e discurso transparente.

O discurso literal

O discurso *literal* é aquele que significa sem nada evocar. Aí está um limite que provavelmente nenhum texto concreto representa; todavia, é importante concebê-lo, pois ele constitui um dos polos de atração da escritura e pode ser reivindicado por algum movimento literário. Podemos lembrar que os primeiros teóricos do Novo Romance, opondo-se à supervalorização anterior do metafórico, reclamavam para essas obras uma leitura perfeitamente literal. Robbe-Grillet escrevia num texto programático:

> O mundo não é nem significante nem absurdo. Ele *é*, simplesmente... No lugar desse universo das "significações" (psicológicas, sociais, funcionais), seria preciso construir então um mundo mais sólido, mais imediato. Que seja primeiramente por sua *presença* que os objetos e os gestos se imponham.

Naturalmente, esses textos – sua história crítica posterior provou amplamente – não eram estranhos a toda evocação

Simbolismo e interpretação

simbólica; a reivindicação também era um indício de gênero, e podia produzir, se não textos literários, ao menos leituras literais.

De fato, mesmo o enunciado mais literal evoca inevitavelmente um grupo de outros sentidos. Aristóteles sabia disso e escrevia nos *Tópicos*:

> Todas as vezes que enunciamos uma asserção qualquer, enunciamos, em certo sentido, uma multiplicidade, dado que cada asserção implica várias consequências. Por exemplo, quando dizemos que um sujeito é um homem, dizemos também que ele é um animal, que ele é animado, que ele é bípede, e que ele é passível de razão e de ciência. (112 a)

Em nossos dias, William Empson nos ensinou a ver que as palavras são "complexas", e a linguística enfatizou o fenômeno da pressuposição, sentido linguístico carregado implicitamente por cada frase. O discurso literal não é aquele em que todo sentido segundo estaria ausente, mas aquele em que os sentidos segundos estão inteiramente submetidos ao sentido direto. Toda palavra é complexa, e toda frase é carregada de pressuposições, mas não entendemos essa complexidade a menos que, de um modo ou de outro, se chame nossa atenção sobre ela. É esta a ação do chiste:[1]

---

[1] Citado em Memmi, *Freud et la création littéraire*, p.195. Para essa autora, a resposta normal teria sido: "É uma lenda, o duque de Wellington jamais pronunciou essas palavras, nem aqui nem em outro lugar". Assim, a desatenção da resposta provoca o chiste. (N. T.)

— Foi neste lugar que o duque de Wellington pronunciou essas palavras?
— Sim, o lugar é aqui, mas as palavras, ele jamais as pronunciou.

Dizer "X fez *p* a N" pressupõe "X fez alguma coisa a N" e "Alguém fez *p* a N" e "X fez *p* em algum lugar"; não podemos então aceitar a asserção global negando essa última pressuposição — a menos que se queira mostrar espirituosidade. Por essa técnica, o que só era um sentido submetido e relegado a um segundo plano aparece no centro de nossa atenção.

O discurso ambíguo

Um discurso é *ambíguo* quando vários sentidos do mesmo enunciado são colocados exatamente no mesmo plano. A ambiguidade pode ser sintática (a mesma frase remete a duas estruturas subjacentes diferentes), semântica (a frase comporta palavras polissêmicas) ou pragmática (ela é potencialmente portadora de vários valores ilocutórios); em si mesma, a ambiguidade jamais é simbólica, dado que todos os sentidos são diretos, e são significados pelo significante, sem que nenhum seja significado por um primeiro significado. É isso que os críticos sânscritos de poesia sabiam, pois distinguiam claramente *dhvani* (sugestão) e *çlesa* (coalescência).

Não obstante, é possível obter efeitos simbólicos a partir da ambiguidade: apesar de serem todos diretos, os sentidos de uma palavra ou de uma frase podem ser hierarquizados (seja no plano semântico, sintático ou pragmático). Um deles acode primeiramente ao espírito, e somente num segundo tempo se descobre que seria preciso pensar em outro. A esse propósito,

Empson emprega os termos de *sentido fundamental* (*head meaning*) para aquele que "de modo mais ou menos permanente ocupa o lugar número um na estrutura", e de *sentido vedete*[2] (*chief meaning*) "a quem o locutor dá a primazia sobre qualquer outro, nas circunstâncias próprias de seu discurso". Quando, na interpretação de um enunciado, se passa do sentido fundamental, que apareceu em primeiro lugar, ao sentido vedete, ocorre um fenômeno muito semelhante (mas não idêntico) à evocação simbólica; retomarei o assunto no capítulo seguinte. São ainda os chistes que exploram o desprezo na compreensão das frases ambíguas, como por exemplo: "Dois judeus se encontram nas cercanias de uma casa de banhos: 'Você tomou um banho?', pergunta um deles. 'Por quê?', retruca o outro, 'Está faltando algum?'".

O sentido fundamental, dado que idiomático, de "tomar um banho", é o de *banhar-se*; mas *a posteriori* a locução pode ser compreendida literalmente, como *levar embora uma banheira*. Essa lembrança ainda contrasta com a evocação propriamente simbólica, ilustrada aqui pela réplica do segundo interlocutor: dado que ele pensa nesse sentido inverossímil, podemos deduzir a "pitada" antissemítica do chiste: os judeus não se banham e só pensam na apropriação.

O discurso transparente

Por fim, um discurso será *transparente* se, quando o recebemos, não prestamos nenhuma atenção no sentido literal

---

2 No sentido de "estar em destaque", "ocupar o primeiro plano". (N. T.)

(a partir da época romântica emprega-se às vezes o termo "alegoria" para designar essa variedade de enunciados). Peças moralistas e fábulas aproximam-se algumas vezes desse ideal; o *eufemismo* fornece-nos um exemplo marcante disso: todos os membros de uma sociedade conhecem o sentido real de eufemismo. Para que ele não se torne inútil e, portanto, inutilizável, é preciso que a presença do sentido literal seja atestada, por mais tênue que seja. Um passo a mais e encontramo-nos nas "metáforas mortas" que, em sincronia, concernem à polissemia e não ao simbolismo.

Casos intermediários

Esses três casos extremos e relativamente claros – literalidade, ambiguidade, transparência – também são os únicos que sabemos identificar verdadeiramente; mas estes são somente, é claro, os limites de um campo em que inúmeros casos intermediários se apresentam. Penso que nós os percebemos intuitivamente, mas não sabemos nomeá-los e menos ainda analisá-los. Esse não é um acaso: nossos retóricos, o catálogo mais rico de que a tradição dispõe sobre os fatos simbólicos, veem a semelhança como uma relação simples e não analisável. Mais uma vez, isso não ocorre na poética sânscrita, que sabe identificar até 120 variedades da comparação... e que, em todos os casos, possui categorias bem distintas para dizer: que o comparante impõe seu sentido ao comparado, ou inversamente; que os dois se identificam ou só são copresentes; que sua assimilação se produz objetivamente ou aos olhos de um só observador. Só posso então deplorar a ausência de instrumentos que permitam analisar a hierarquia dos sentidos na evocação simbólica e contentar-me em ilustrar a variedade das relações hierárquicas com um ou dois exemplos (eu já havia feito isso num capítulo da *Introdução à literatura fantástica*).[3]

Exemplos: Flaubert

Começarei por dois parágrafos do início de "A legenda de São Julião Hospitaleiro":[4]

> O pavimento de pedras do jardim interior era limpo como o piso de uma igreja. Longas pingadeiras, que embaixo simulavam caras de dragões, lançavam a água das chuvas na cisterna. E sobre as janelas, em todos os andares, num vaso de argila pintada, um manjericão ou um heliotrópio desabrochavam.

Eis uma descrição que se poderia considerar como perfeitamente literal; em todo caso, ela o é nesse ponto da narração (voltarei em outro momento a esse efeito segundo da comparação "como... uma igreja").

Algumas linhas depois, lemos este outro parágrafo, à primeira vista semelhante ao que acabo de citar:

> Vivíamos em paz há tanto tempo que as grades protetoras não se abaixavam mais; os fossos estavam cheios d'água. As andorinhas faziam seus ninhos nas fendas das muralhas; assim que o sol brilhava demais, o arqueiro – que durante o dia vigiava,

---

3 Todorov, *Introdução à literatura fantástica*. (N. T.)
4 Flaubert, A legenda de São Julião Hospitaleiro. In: _____, *Três contos*. (N. T.)

caminhando sobre os muros – recolhia-se à guarita e dormia feito um padre.

Novamente uma descrição literal? Não, pois se encontra introduzida pela proposição "vivíamos em paz há tanto tempo que", a qual transforma o estatuto de tudo o que se segue: são somente ilustrações, exemplos dessa paz eterna, quatro detalhes por meios dos quais, como de hábito, Flaubert nos comunica uma informação geral. A paisagem, o castelo, suas particularidades não são descritas somente para "estar lá", como teria dito Robbe-Grillet, mas para ilustrar uma afirmação abstrata. Afirmação que se encontra aqui, além do mais, explicitamente enunciada e que, portanto, não participa mais do simbólico, mas cuja relação com aquilo que se segue impõe ao leitor um modo de interpretar – e que pode obrigá-lo a voltar ao parágrafo citado primeiro para se questionar se essa descrição inicial era mesmo tão literal quanto parecia, ou se estava presente para ilustrar outra afirmação geral, concernindo não mais à paz, mas, digamos, à perfeição do lugar.

Baudelaire

Tomemos agora dois exemplos em *Pequenos poemas em prosa*,[5] de Baudelaire. Um texto intitulado *Já!* conta a experiência de alguém que se aproxima da terra depois de uma longa viagem de navio; todos os detalhes, todas as anedotas dizem respeito a uma viagem particular. Em seguida vem uma comparação:

---

5 Baudelaire, *Pequenos poemas em prosa*. (N. T.)

Simbolismo e interpretação

Como um padre a quem se arrancasse a divindade, eu não podia, sem uma perturbadora amargura, separar-me desse mar tão monstruosamente sedutor, desse mar tão infinitamente variado em sua aterradora simplicidade, que parece conter em si e representar com seus jogos, seu comportamento, suas cóleras e seus sorrisos, as agonias e os êxtases de todas as almas que viveram, que vivem e que viverão!

O mar concreto e real dos parágrafos precedentes apaga-se aos poucos: primeiramente ele recebe os qualificativos que o integram ao mundo animado (sedução, simplicidade); em seguida, quando aparece o fugitivo desejo de fazer dele uma metonímia da vida ("conter"), ele se transforma numa transparente alegoria, explicitamente introduzida pelo verbo "representar", de todos os sentimentos de todos os seres. Contudo, lendo essa frase, será que não se volta sobre os próprios passos para se perguntar o que simbolizava cada um dos aspectos do mar precedentemente descritos, cada um dos episódios que o concerniam? Dado que o mar é só a alegoria da vida, tudo deve ser reinterpretado? E apesar de tudo, não, o mar do início é mesmo o mar, ainda que aqui ele tenha se tornado perfeitamente "transparente".

Ocorre quase a mesma coisa em *O crepúsculo da noite*. Ainda aqui se começa por uma descrição concreta de tal hora do dia, em seguida se encadeiam as anedotas que a concernem. Entretanto, quase ao fim, vem novamente a grande comparação:

A claridade rosada que ainda era no horizonte como a agonia do dia sob a opressão vitoriosa de sua noite, as luzes dos candelabros que provocam manchas de um vermelho opaco sobre as últimas glórias do poente, as pesadas cortinas que uma mão invisível traz das profundezas do Oriente, imitam todos os sentimentos complicados que lutam no coração do homem nas horas solenes da vida.

A descrição do crepúsculo literal (mesmo que abundantemente metafórica) transforma-se, a partir de certo instante, na evocação "transparente" de "todos os sentimentos": nessa ocasião, passagem explicitamente marcada pelo verbo "imitar". Uma vez mais essa revelação nos obriga a reinterpretar tudo o que precede em termos alegóricos – e, apesar disso, não apaga inteiramente a descrição literal do crepúsculo.

Vê-se que as práticas de Flaubert e de Baudelaire são diferentes (o narrativo e o poético se opõem aqui, e não somente duas personalidades, ainda que contemporâneas); em que pese tudo isso, não estamos, em nenhum caso, na pura literalidade, nem na transparência, nem na ambiguidade. Mas claro que essa delimitação negativa é insuficiente e não dá conta da complexidade das relações hierárquicas dos sentidos – complexidade que precisei evocar aqui, e não significar.

A direção da evocação

A evocação simbólica é fundamentalmente múltipla. Os tradutores literários bem sabem disso, pois tentam transpor em outra língua não somente o sentido direto de uma frase, mas também suas diversas ressonâncias simbólicas; a dificuldade deriva precisamente de sua multiplicidade, pois se uma é privilegiada, perde-se a outra: como fazer para preservar ao mesmo tempo a exatidão semântica, a semelhança fônica, a evocação intertextual, a implicação que concerne ao enunciador – e quantas outras ainda?

No presente capítulo gostaria de revisar ainda algumas das subdivisões possíveis do campo simbólico: no caso, as que provêm das escolhas que os interlocutores têm da própria *direção* na qual fazem funcionar a evocação.

Enunciado e enunciação

Uma primeira repartição vem do fato de que os procedimentos da evocação simbólica podem "fundamentar-se sobre o *conteúdo do enunciado*" ou mesmo "pôr em causa o *fato da enunciação*" (O. Ducrot). A diferença é radical: no primeiro caso, o interlocutor parte do objeto do enunciado e adiciona-lhe um conteúdo da mesma ordem; no segundo, o enunciado é percebido como ação, não como meio de transmitir uma informação, e a implicação concerne àquele que fala, o sujeito, e não mais o objeto.

Um trecho de Henry James (*L'Âge difficile*)[1] ilustra bem essas duas formas de evocação. Em sua conversa com Mr. Longdon, Vanderbank afirma que Mrs. Brook, há algum tempo, vem diminuindo a idade da filha. Mr. Longdon compreende perfeitamente a implicação do enunciado: a saber, que Mrs. Brook busca ela mesma parecer mais jovem. Mas ele não se detém aí: o que o perturba nessa frase é que Vanderbank tenha podido enunciá-la, isto é, que ele se permita falar mal de seus amigos em sua ausência. A interpretação que Mr. Longdon tem desse enunciado consegue, então, fazer que ele se volte contra o enunciador: "Tu és um ser vulgar". A repartição do simbolismo entre enunciado e enunciação coincide aqui com outra distinção, voluntário-involuntário, ou mesmo consciente-inconsciente; contudo, tal distribuição não é obrigatória: evidentemente, pode-se ter por fim suscitar implicações que digam respeito à enunciação de maneira perfeitamente consciente: por exemplo, posso empregar palavras incompreensíveis para que me acreditem erudito.

De fato, uma implicação que concerne à enunciação é obrigatoriamente apresentada em toda evocação simbólica (devemos então completar aqui a imagem do processo interpretativo mostrado no início dessa análise). De fato, para

---

[1] James, *L'Âge difficile* (N.T.)

chegar à implicação concernindo ao enunciado ("Mrs. Brook busca ela mesma parecer mais jovem"), Mr. Longdon precisou refletir previamente: o enunciado segundo o qual Mrs. Brook vem diminuindo a idade da filha não satisfaz ao princípio de pertinência, se quer dizer o que ele significa; mas, *conhecendo Vanderbank* (e é aqui que se refere à enunciação), presumo que esse enunciado quer dizer algo a mais, a saber, que Mrs. Brook busca ela mesma parecer mais jovem. Portanto, a referência à enunciação já está presente. Contudo, ela pode desempenhar um papel dominante ou subordinado, como nesse primeiro caso; é então possível colocá-la provisoriamente entre parênteses, para opor as implicações que digam respeito ao enunciado ou à enunciação.

Ironia

O fenômeno complexo da *ironia* pode ser examinado à luz dessas distinções. A ironia joga simultaneamente com o enunciado e a enunciação, mais ou menos, segundo os casos; habitualmente, as descrições da ironia têm retido apenas um desses aspectos. Tomemos dois exemplos. Se digo: "Que belo dia!", mas chove a cântaros, quero dizer, como afirmam os retóricos desde a Antiguidade, o contrário daquilo que expresso: que tempo ruim! Todavia, o interlocutor, para compreender isso, também precisou pensar numa implicação que concerne à enunciação e a mim: para constatar a ironia, ele admitiu previamente que conheço o sentido das palavras e que estou de posse de minhas faculdades.

Tomemos agora outra frase: "Os Pingouins tinham o primeiro exército do mundo. Os Marsouins também" (Anatole

France).² Não procuro mais dizer aqui, como querem os retóricos, o contrário do que digo: se substituo, como fiz no exemplo anterior, *"primeiro"* por seu contrário, não obtenho o sentido indireto e não irônico de meu enunciado inicial; obtenho um novo enunciado irônico, exatamente tão irônico quanto o primeiro. A implicação aqui diz respeito à enunciação: a absurdidade do enunciado inicial implica que o sujeito falante não assume seu enunciado, mas imita uma enunciação outra (por exemplo, aquela dos Pingouins, e aquela dos Marsouins, distintas uma da outra). A ironia se deixaria perceber aqui não por uma substituição pelo contrário, mas pela inclusão do enunciado em outro enunciado: "Não digo que *p*", e então "Alguns (mas não eu) diriam que *p*"; a ironia equivale então a uma (pseudo) citação, a uma colocação entre aspas (D. Sperber). Apesar disso, nesse caso de ênfase sobre a enunciação, a implicação que cabe ao enunciado também não está totalmente ausente: quero mesmo dizer, de fato, que o exército dos Pingouins *não é* o primeiro exército do mundo, assim como aquele dos Marsouins também não o é. Nos dois exemplos, então, a evocação é dupla, concernindo ao enunciado e à enunciação; mas naquilo que poderíamos chamar de ironia-antífrase, a ênfase recai na inversão do conteúdo do enunciado, enquanto na ironia-citação, ela toca à inautenticidade do ato inicial da enunciação.

A *hipérbole* e a *litote* baseiam-se num mecanismo semelhante. Quando se diz: "A eternidade será para mim um instante", o auditor simultaneamente compreende que a eternidade parece-

---

2 France, *L'Île des pingouins*. Trata-se de uma história paródica da França. (N. T.)

rá breve (associação que concerne ao enunciado, implicando o exagero) e que aquele que fala coloca uma insistência particular naquilo que diz (associação que concerne à enunciação). O famoso "Vá, não te odeio" será interpretado simultaneamente como uma designação diminuída do sentimento em questão, e como uma prova da retenção daquele que fala. As duas associações se implicam sempre mutuamente, mas a ênfase pode recair tanto sobre uma quanto sobre outra.

Intertextualidade

A segunda grande diferença na direção da evocação, que permite distinguir entre os fatos simbólicos, advém do fato de que a evocação *visa ou não a outro texto*, que ela "aterrissa", por assim dizer, no significante ou no significado.

De fato, a associação pode conduzir a outras palavras, tomadas em sua particularidade fonética, morfológica, estilística; na literatura recente, esses fatos mereceram o nome de *intertextualidade* e são extremamente variados em si mesmos. Vou limitar-me a mencionar os grandes princípios subjacentes a essa variedade. Um é quantitativo: um texto pode evocar um único outro, como *Jacques, o fatalista e seu amo* faz com *A vida e as opiniões do cavalheiro Tristram Shandy*; ou um gênero inteiro, como *Dom Quixote* faz com os romances de cavalaria; ou um meio particular, como uma frase de gíria faz para o ambiente em que esse tipo de linguagem ocorre; ou a uma época inteira, como *Madame Bovary* faz para a literatura romântica. O outro é qualitativo: a evocação pode ir da condenação (como habitualmente nas paródias) ao elogio (implicado pela imitação e a estilização).

Adicionarei duas observações mais gerais a esse rápido esboço. A primeira é que os fatos intertextuais se situam no limite do campo simbólico, e por vezes o ultrapassam. Ocorre que nem toda evocação do ausente é simbólica. Há casos em que a associação com outro texto é precisamente o sentido que o segmento linguístico presente quer transmitir; mas há outros em que essa associação funciona mais como uma condição para a constituição do sentido do enunciado dado, sem que se tornem, em nenhum momento, esse próprio sentido. *Tristram Shandy* não é o sentido indireto de *Jacques, o fatalista*, mas a relação dos dois é necessária para estabelecer o sentido, direto e indireto, deste último romance. Portanto, ao lado das evocações simbólicas há outras, cuja função é antes de tudo contribuir para a formação de uma configuração e que se poderia, por esse motivo, chamar as relações de *figurais*.

A segunda observação é relativa aos limites que permitem circunscrever o próprio fato intertextual — fato cuja existência se encontra ameaçada por sua onipresença. Não obstante o que diz Montaigne, não existe linguagem privada; as palavras pertencem a todos. Por conseguinte, assim que nos engajamos na atividade verbal, evocamos discursos anteriores, dado que nos servimos das mesmas palavras, da mesma gramática. É provável que se forem pesquisadas cuidadosamente, em todas as publicações que precederam *As flores do mal* serão encontradas não somente todas as palavras empregadas por Baudelaire, o que é óbvio, mas até mesmo todos os seus sintagmas, e bem sabemos que a crítica das fontes não se privou de estabelecer tais aproximações. Contudo, ao procurar a intertextualidade em todo canto, perdem-se os meios de identificar e de distinguir os textos nos quais ela desempenha um papel constitutivo.

É preciso então que o princípio global da presença necessária de uma dimensão intertextual seja moderado e nuançado por regras pontuais, que permitam estabelecer os casos em que a intertextualidade é pertinente ou não.

Extratextual, intratextual

Uma terceira maneira de distinguir dentre os fatos simbólicos segundo a direção da evocação consiste em se questionar se o sentido indireto concerne ao próprio texto de que se partiu ou lhe é exterior; em separar, então, simbolismo *intratextual* e *extratextual* (em S/Z, Barthes chama o primeiro de *código sêmico* e o segundo de *código simbólico*).

Este último caso dispensa comentários: o percurso faustiano simboliza o destino da humanidade, assim como aquele de D. Juan, as vicissitudes da relação amorosa; esses "pontos de chegada" não são interiores aos textos de Gœthe e de Molière. Quando, por outro lado, um velho marinheiro lança um nó de cordas entre as mãos do capitão Delano, em *Benito Cereno*, de Melville, esse nó simboliza o problema ao qual é ao mesmo tempo confrontado: Delano permanece a bordo do navio, "nó entre as mãos e nó na cabeça", como escreve Melville.

O simbolismo intratextual é bastante responsável pelo modo com que se constroem os caracteres e o pensamento (para tomar duas categorias aristotélicas) no interior de uma ficção. O autor tem à sua disposição dois meios para construir personagens: nomeando diretamente suas qualidades ou deixando ao leitor o cuidado de deduzi-las a partir de seus feitos e ditos; sabe-se que, no decorrer de sua história, a literatura ligou-se ora a um, ora a outro modo de apresentação. O mesmo ocorre com a comunicação das ideias gerais: Constant ou Proust terminam facilmente um parágrafo com uma frase claramente distinta daquilo que a antecede, escrita no presente atemporal e precedida por um quantificador universal. Outros, todavia, renunciam a qualquer formulação de sentenças e nem por isso deixam de transmitir ideias gerais: somente o fazem incitando o leitor a deduzi-las a partir de ações que compõem a intriga do livro. Esses são exemplos em que o "ponto de chegada" da evocação simbólica está no próprio texto.

Como no caso das relações intertextuais, é preciso reservar aqui o lugar para as relações intratextuais que não são simbólicas, mas figurais. Se cada capítulo de uma trama for mais longo (ou mais curto) que o precedente, isso introduz na narrativa uma gradação e um ritmo necessários à interpretação do episódio, mas isso não quer dizer que um capítulo simbolize outro.

Contextos: paradigmático e sintagmático

Por fim, adicionaremos aqui uma quarta dimensão que se refere não mais à direção da evocação propriamente dita, mas à natureza dos meios que permitem estabelecer o sentido indireto (seja em sua produção, seja em sua recepção). Aplicaremos novamente uma distinção já introduzida quando discutimos os indícios que conduzem à interpretação: aquela entre referência ao contexto sintagmático imediato e remissão à memória coletiva, ao saber compartilhado pelos membros de uma sociedade (é ao que parecia visar a célebre distinção de Schleiermacher entre interpretação *técnica* e *gramatical*, cf. adiante, p.188).

Simbolismo e interpretação

O simbolismo que repousa sobre a memória coletiva é aquele mesmo que inúmeros dicionários dos símbolos tentam repertoriar, quaisquer que sejam a inspiração e a ambição. É também uma ferramenta indispensável das interpretações religiosas ou psicanalíticas: essas estratégias exegéticas possuem cada uma seu "vocabulário", listas preestabelecidas de equivalências que permitem substituir mais ou menos automaticamente um sentido a uma imagem. Da mesma forma, conhecemos as leituras esotéricas (alquímicas, astrológicas etc.) às quais podemos submeter qualquer texto, obtendo resultados frequentemente surpreendentes. Sabemos que a crítica literária dita interna recusou-se a fazer qualquer recurso a "facilidades" desse gênero: se o número três deve simbolizar alguma coisa, não é porque "três" evoque isso ou aquilo na memória de todos os leitores, mas porque ele aparece em tais contextos particulares dentro da própria obra que se está interpretando.

Na prática, usamos constantemente os dois registros. Quando Mr. Longdon interpretava "ela vem diminuindo a idade da filha" como sendo: "portanto, ela busca parecer mais jovem", precisava lançar mão de um lugar comum dentro de sua sociedade, segundo a qual uma das ações tem sempre outra por finalidade. Observemos a esse propósito a natureza dos lugares--comuns e, por conseguinte, a maneira pela qual se apresenta a memória coletiva. Se pedíssemos a alguém para enumerar as regras da sociedade à qual pertence, ele certamente não pensaria naquela que permitiu a presente inferência. Apesar disso, bastou que uma personagem enunciasse a primeira frase para que Mr. Longdon, e com ele os leitores do romance, apreendessem o subentendido, que implica bem a presença desse encadeamento em seu espírito. É que essa memória é passiva; seu conteúdo só se vê convocado graças à focalização que a frase dada opera. Os lugares-comuns estão, mais que presentes, *disponíveis* na memória de cada um. Quanto às inferências, elas não se conformam, é óbvio, às regras estritas da lógica formal; elas correspondem ao que Aristóteles chamava de "entimema" ou silogismo retórico, que leva mais à verossimilhança que à verdade.

Por outro lado, quando Mr. Longdon diz ao seu companheiro, em outra ocasião: "Vossa mãe consolou-me mais que quaisquer outras", e que Vanderbank interpreta: "Quereis dizer que vós a amais sem reciprocidade", ele o faz referindo-se não à memória coletiva, mas ao contexto imediato, pois nas frases precedentes o próprio Mr. Longdon estabelecera a solidariedade dos dois fatos: as mulheres que ele amava se contentavam em consolá-lo.

É essa referência possível a dois quadros diferentes (o contexto sintagmático ou a memória coletiva) que permite compreender um mecanismo lembrado no capítulo precedente, o da substituição do "sentido fundamental" pelo de "sentido vedete"; o chiste joga frequentemente com a possibilidade de evocar dois sentidos *diferentes* de uma palavra ao mesmo tempo, graças a essa dupla referência. Por exemplo:

— Como vais?, diz o cego ao paralítico.
— Como vês, responde este ao cego.

A memória coletiva (aqui, propriamente linguística) traz ao espírito o sentido corrente, portanto fundamental, das locuções "como vais" e "como vês". O contexto sintagmático imediato (as palavras "cego" e "paralítico") desperta o sentido literal dos elementos que compõem essas locuções (ir, ver).

Simbolismo e interpretação

A diferença importante entre essas duas formas de evocação simbólica é que em uma o saber compartilhado necessário à interpretação deve ser explicitamente enunciado e, portanto, assumido por seu locutor; enquanto a referência implícita característica da outra impõe aos interlocutores a *cumplicidade*. É porque eles têm uma memória coletiva comum e pertencem ao mesmo grupo social que podem se compreender. A afirmação dessa cumplicidade pode até mesmo ser a única finalidade real de tal evocação indireta: aliás, aí está um excelente meio para fazer aceitar uma asserção sem precisar formulá-la e, portanto, submetê-la à atenção crítica do interlocutor; todos os especialistas da persuasão e da demagogia conhecem bem isso. A recusa em compreender é o único meio de rejeitar essa cumplicidade (recuso-me a reconhecer, pelo riso, portanto a compreender, os chistes racistas).

A estrutura lógica

Talvez o aspecto mais debatido do processo simbólico seja a relação entre os dois sentidos, direto e indireto: confrontando aqui duas entidades comparáveis, como descrever a relação que se estabelece entre elas? Poderíamos dizer, esquematizando, que dois tipos de respostas foram trazidas: umas buscam calcar as relações simbólicas sobre o que sabemos das relações discursivas; outras descrevem o simbólico de modo específico, sem buscar aproximá-lo de outras associações que observamos em ação na linguagem.

Taxonomias globais

A primeira via está presente desde a Antiguidade, mas não se pode dizer que tenha sido explorada de maneira sistemática. No início desta análise falei das aproximações possíveis entre as diferentes classificações de Aristóteles, assim como a teoria das ideias acessórias na *Lógica* de Port-Royal e em sua posteridade. Os estoicos chamavam de "signo" à inferência proposicional, e o lógico indiano Mahimabhattale afirmava, contra os teóricos do *dhvani* — da sugestão —, que esta última é só um caso particular da inferência. Sabemos ainda que Quintiliano definia a metáfora (relação simbólica) como uma comparação (relação discursiva) condensada. No final do século XIX, o linguista russo A. Potebnia leva o paralelo mais longe: ele põe no mesmo plano a sinédoque e o epíteto, só retendo a diferença entre implícito e explícito, e amplia assim a fórmula de Quintiliano:

> Toda denominação consumada nos oferece a comparação de dois complexos mentais: o significante e o significado (Potebnia identifica então a dupla sujeito-predicado com a dupla significante-significado). Quando se expressa um e outro verbalmente, a relação entre os dois pode ser tanto sinedóquica quanto metonímica ou metafórica (*Iz zapisok po teorii slovesnosti. Poézija i proza*).

A sutileza na descrição do simbólico estará, a partir de então, na medida da sutileza que é manifesta naquilo que concerne às relações discursivas. Empson postula, em *The Structure of Complex Words* [A estrutura das palavras complexas], que a relação entre sentido direto e indireto pode ser traduzida pela fórmula da predicação, "*A* é *B*", em que *A* e *B* serão dois sentidos de uma palavra; ele analisa em seguida essa proposição elementar em quatro variantes semânticas: "*A* está incluído em *B*", "*A* leva consigo *B*", "*A* é comparável a *B*" e, um caso um pouco à parte, "*A* é típico de *B*", o que se enquadra muito bem com a subdivisão retórica tradicional em sinédoque (pertinência), metonímia (causalidade) e metáfora (comparação, semelhança). Se fôssemos para o campo discursivo tendo como ponto de partida o sistema dos casos gramaticais, teríamos uma especificação do simbólico que as categorias tradicionais da retórica não permitem reproduzir: a pertinência daria lugar ao genitivo e à sinédoque; a aposição, o atributo, seriam ligados à metáfora (que tem relações também com a coordenação); mas a metonímia mesclaria as relações de causalidade (transitividade, acusativo), de instrumento de ação (instrumental), de circunstâncias de ação (locativo), e veríamos mal o tropo, que corresponderia ao dativo... Em contrapartida, se reduzimos, com Bally, as relações discursivas somente a duas, a inerência e a compenetração de um lado, a relação e a exterioridade de outro, não fica difícil reconhecer a metáfora e a metonímia.

Taxonomias específicas

Na maior parte do tempo, entretanto, buscou-se descrever as relações no simbolismo de maneira autônoma, sem confrontar os resultados obtidos com aqueles de que dispõe o estudo semântico do discurso (isolamento lamentável, ainda mais porque somente tal aproximação permite colocar esta questão pertinente: dado que os tropos podem ser explicitados em proposições, e os subentendidos, em inferências, por que toda proposição não se deixa condensar em tropo, e toda inferência, em subentendido?). Duas grandes classificações dominaram a tradição ocidental, ambas remontando a Aristóteles, mas em textos diferentes; de fato, não obstante o que parece à primeira vista, elas não são inteiramente independentes uma da outra.

A primeira encontra sua origem na *Poética*, em que Aristóteles evoca quatro classes de transposições (o termo "metáfora" tem, então, um sentido genérico): "ou do gênero à espécie, ou da espécie ao gênero, ou da espécie à espécie, ou segundo a relação de analogia" (1457 b). Deixando de lado no momento a relação analógica, que visivelmente se opõe às outras três tomadas em bloco, percebemos aqui uma combinatória de duas dimensões, espécie-gênero e ponto de partida-ponto de chegada (ou sentido direto e sentido indireto), das quais três produtos são enumerados, enquanto o quarto falta: do gênero ao gênero. Poderíamos designá-los pelos termos retóricos correntes: do gênero à espécie = sinédoque particularizante; da espécie ao gênero = sinédoque generalizante; da espécie à espécie = metáfora. A variedade que falta, do gênero ao gênero, corresponde à metonímia: enquanto a metáfora implica dois termos (espécies) que têm uma propriedade (gênero) em comum – por exemplo, "amor" e "flama" são ambos "ardentes" –, a metonímia exige que um termo (espécie) seja qualificável por duas propriedades independentes ou decomponíveis em (ao menos) duas partes contíguas – por exemplo, a doutrina católica e sua sede geográfica são dois aspectos de uma mesma entidade, então podemos designar uma pelo nome da outra: "Roma". Se a metáfora, como dizia Potebnia, implica um predicado comum para dois sujeitos diferentes, a metonímia exige que um mesmo sujeito seja dotado de dois predicados diferentes.

Curiosamente, essa classificação bem "lógica" desfrutou de fraca popularidade. Podemos encontrar um eco disso, no século XVIII, em Lessing, que nos *Traités sur la fable* [Tratados sobre a fábula] opõe a *alegoria*, designação de um particular por outro particular, ao *exemplo*, designação do geral por um particular. Os termos "geral" e "particular" são efetivamente convertíveis em "gênero" e "espécie"; mas também é verdade que o exemplo e a alegoria designam variedades do simbolismo proposicional, e não lexical (voltarei a isso). Podemos nos referir ainda a Schelling, na *Filosofia da arte*, obra em que a *alegoria* é definida como passagem do particular ao geral, e o *esquematismo* é explicitado como passagem do geral ao particular (enquanto o "símbolo" é a interpenetração dos dois). Mas é quase só isso.

Há outra classificação aristotélica que conheceu melhor sorte. Aristóteles não a aplicava aos tropos, mas às associações em geral, que podem ocorrer, dizia ele no capítulo II do tratado *Da memória*, por semelhança, por proximidade e por contrariedade. Santo Agostinho transporá essa divisão aos tropos (e às relações etimológicas) numa obra de juventude, *Da dialética*, e a partir desse momento a encontraremos ao longo de toda a história da retórica no Ocidente (Cícero e Quintiliano contentavam-se, em relação a isso, com uma enumeração sem classificação). Foi sem dúvida o caráter mais concreto e evocador, mais "psicológico" dessas denominações que lhes assegurou tal sucesso. Aliás, a lista sofreu algumas alterações menores: encontramos em Vossius quatro relações fundamentais, tendo a participação confluído para as outras três; em Beauzée, somente três, porém não as mesmas: desta vez, quem sai é a contrariedade. Em Jakobson, sabemos, há somente duas, semelhança e contiguidade; mas Kenneth Burke ainda fala de *"four master tropes"*, metáfora, metonímia, sinédoque e ironia, lista equivalente à de Vossius. É nesse contexto que podemos compreender mais facilmente por que a metáfora, tropo de semelhança, desfrutou, dentre todos os outros tropos, da maior popularidade: é que a semelhança, diferentemente da contiguidade etc., repete a relação constitutiva de toda evocação simbólica, ou seja, certa equivalência, uma "superimposição", dado que um primeiro sentido permite evocar um segundo. A metáfora é então como a encarnação mais clara da relação simbólica: é a equivalência (semelhança) ao quadrado, enquanto a metonímia combina o heterogêneo: equivalência e contiguidade. Ao mesmo tempo, as evocações por semelhança têm um efeito cumulativo: todas as partes de um texto podem simbolizar a mesma coisa, enquanto as evocações por contiguidade ou coexistência são distributivas: a cada segmento do texto corresponde uma associação particular.

A dificuldade dessa classificação deve-se ao seu caráter arbitrário: por que só haveria três tipos de associação, ou quatro, ou duas? Foi para remediar esse caráter arbitrário que Jakobson quis ligar duas espécies de associações a dois processos linguísticos fundamentais, a seleção e a combinação (categorias que vimos funcionando na tradição retórica, principalmente em Cícero). Porém, a tentativa mais bem-sucedida para explicitar as bases dessa classificação parece-me ser a da *Retórica geral*, que tem por mérito conectar uma à outra as duas classificações de Aristóteles: a participação igual da inclusão (passagem do gênero à espécie ou da espécie ao gênero); a semelhança, a passagem de uma espécie a outra; a contiguidade, a passagem de um gênero a outro gênero por intermédio de uma espécie comum.

A mesma categorização pode ser transposta no plano proposicional: Aristóteles e Lessing tinham começado a fazê-lo. Falaremos de *exemplo* ou de *ilustração* quando uma proposição particular evoca uma verdade geral; de *sentença* no caso oposto (é o *esquematismo* de Schelling); o termo *alegoria* poderia ser especificado aqui em "relação simbólica de semelhança entre proposições" (a *tipologia* cristã será uma variante disso), enquanto reservaremos o termo *implicação* para a contiguidade ou a coexistência; *alusão* também convirá em alguns casos. O quadro a seguir resume essas proposições terminológicas:

TERMINOLOGIA "LÓGICA"	TERMINOLOGIA "PSICOLÓGICA"	SIMBOLISMO LEXICAL	SIMBOLISMO PROPOSICIONAL
particular-geral, espécie-gênero	participação, generalização	sinédoque generalizante	exemplo, ilustração
geral-particular, gênero-espécie	participação, particularização	sinédoque particularizante	sentença, esquematismo
particular-particular, espécie-espécie	semelhança, comparação	metáfora	alegoria, tipologia
geral-geral, gênero-gênero	contiguidade, coexistência	metonímia	implicação, alusão

Essa primeira grade pode, é claro, ser infinitamente complicada por subdivisões ulteriores. Mencionemos de memória a diferença, já percebida por Aristóteles, entre metáfora simples e metáfora analógica (ou, nos termos de Peirce, entre imagem e diagrama, duas variedades do ícone); ou aquela, familiar a Quintiliano, entre sinédoque material (parte-todo) e conceitual (gênero-espécie); ou aquela que permite separar duas espécies de sinédoque, particularizante e generalizante, por um lado, da personificação e da antonomásia, de outro, e que é simplesmente a diferença entre substantivo comum e substantivo próprio; ou ainda outras, que serão encontradas em tratados de retórica, antigos e modernos.

Quando há uma evocação concreta, várias operações se encadeiam na sequência uma da outra, apesar de nós as apreendermos instantaneamente. Quando Mr. Longdon tira a conclusão que conhecemos sobre o caráter de Vanderbank, ele procede inicialmente por generalização (a frase de Vanderbank é um exemplo de traição dos amigos), em seguida por implicação (trair seus amigos é dar prova de um espírito vulgar), para acabar numa nova particularização (Vanderbank é um ser que participa desse tipo de espírito) – que, aliás, ele não expressa sob essa forma direta, contentando-se em dizer: eu o acho bem diferente das pessoas de minha geração.

Crítica

Desejei resumir aqui os esforços taxonômicos dos retóricos do passado; contudo, a importância que os debates tomaram em torno desse tema e sua própria popularidade parecem-me amplamente desmerecidas. O interesse de tal classificação é puramente prático; em si, ela não comporta nenhuma hipótese sobre a natureza dos fatos simbólicos. Uma vez de posse de dois termos, geral e particular, é possível repartir todos os objetos do mundo nas classes que resultam de sua combinação; claro que manejar conjuntos menores que aquele de todos os fatos simbólicos é mais cômodo, mas isso nada diz sobre a natureza dos objetos agrupados. Entretanto, é possível que se descubra uma contrapartida psicológica nessas categorias (como sugeriu Jakobson para a semelhança e a contiguidade) – neste caso, as subdivisões recuperam sua pertinência.

O desvio paronímico

Todas as associações de que acabo de falar operam entre fragmentos do mundo (objetos, ações etc.); não é um acaso que apenas os morfemas referentes possam se tornar o ponto de partida de associações simbólicas (mas não as conjunções, as preposições etc.). Isso não deve fazer que pensemos que as relações associativas entre palavras sejam impossíveis; as relações intertextuais mencionadas anteriormente são um exemplo do contrário. Mesmo numa associação a partir do significado, os significantes podem desempenhar um papel; no entanto, o próprio desta última relação é de não poder existir sem a outra: mesmo que não se a tenha buscado, uma motivação semântica secunda obrigatoriamente a semelhança fônica ou gráfica. Neste caso, falaremos então de um *desvio paronímico* (os parônimos são palavras de forma semelhante e de sentido independente), facultativo e, portanto, secundário, em relação ao semântico, mas que é capaz de aumentar consideravelmente a intensidade: de alguma forma, o locutor associa a língua ao seu próprio ponto de vista, dado que ele aparentemente se enfileira ao lado das palavras: a composição do vocabulário, coisa incontestável e respeitável, confirma seu enunciado (assim como, reciprocamente, basta a aproximação de duas coisas para que se presuma sua similaridade, como já vimos).

Na evocação simbólica o desvio paronímico segue as mesmas vias que na predicação discursiva (onde é mais fácil observá-lo). Os três campos historicamente constituídos nos quais seu papel parece mais importante são o raciocínio etimológico, a poesia e o jogo de palavras.

O *raciocínio etimológico* visa provar o parentesco dos sentidos pela proximidade das formas; ele excede a pesquisa etimológica propriamente dita, tal como é praticada atualmente, e que se interessa unicamente à filiação histórica das formas: em Platão (*Crátilo*), a afinidade formal e semântica não se deseja histórica; em Heidegger, o sentido original é, ao mesmo tempo, o sentido verdadeiro. O raciocínio etimológico (aquilo que Jean Paulhan chamava de "prova pela etimologia") também é produzido de modo espontâneo, fora da gramática e da filosofia: neste caso falamos de etimologia popular, fonte fácil de humor voluntário (Tabourot: o parlamento – em francês, *parlement* – é um lugar onde se fala e se mente – *parle et ment*) ou não (a origem dos homens nas rãs, segundo Brisset):[1]

Parece que, à primeira vista, há grande distância entre a etimologia popular e a poesia. Mas o que faz o poeta, quando rima *songe* com *mensonge* (sonho com mentira), senão estabelecer uma relação harmoniosa e satisfatória, apesar de momentânea, entre forma e sentido? Satisfatória porque contenta essa aspiração obscura da ordem que está na própria base da etimologia popular. [...] Segundo Mallarmé, ser poeta é "dar um sentido mais puro às palavras da tribo". Haveria então algo como uma poesia inconsciente a fornecer a uma palavra um sentido aparentemente mais apropriado à sua estrutura fonética: seria o caso de *fruste*

---

[1] Jean-Pierre Brisset, escritor francês que em 1900 publica *La Grande nouvelle*, obra na qual formula uma lei linguística que sustenta sua ideia de que o homem teve origem nas rãs: "*... le mot* pouce *et* pousse *s'expriment avec les mêmes sons. Une grenouille n'a pas de pouce, et dans la transformation de grenouille en homme, la race des grenouilles a vu 'pousser' un pouce*". [... as palavras polegar e dedão são expressas com os mesmos sons. Uma rã não tem dedão, e na transformação da rã em homem, a raça das rãs viu "crescer" um dedão]. Orr, *Essais d'étymologie et de philologie françaises*. (N. T.)

aproximando-se pelo sentido de *brusque* e de *rustre*.[2] (Orr, *Essais d'étymologie et de philologie françaises*)

O princípio paronímico, ele próprio variante da lei do paralelismo, talvez não seja tão importante assim para a *poesia* como se tem tendência a dizer a cada cem anos, descobrindo novamente a potência dos sons; todavia, nem por isso ele deixa de fazer parte da própria definição do discurso poético.

Quando Humpty-Dumpty explica que *slithy* significa *lithe* e *slimy*, ou *mimsy*, *flimsy* e *miserable* (na transposição francesa de Henri Parisot, "*slictueux* significa *souple, actif, onctueux*", "*flivoreux* significa *frivole* e *malheureux*"),[3] ele encontra, como por acaso, sinônimos que também são parônimos; somente a relação semântica é afirmada, mas a língua está de acordo com Humpty-Dumpty. Quando Hevesi fala de um poeta italiano, antimilitarista na alma, mas obrigado a celebrar em versos o imperador alemão: "Não podendo expulsar os Césares, ele ao menos fez explodir as cesuras", parece que só aproxima sonoridades semelhantes; mas César e cesura, termos desprovidos de relações no vocabulário, nesse contexto discursivo tornam-se antônimos, o essencial opondo-se ao insignificante. Nesses *jogos de palavras*, como em todos os calembures, de "bom" ou de "mau" gosto, funda-se ou justifica-se a relação dos sentidos por aquele dos sons.

Entretanto, este não substitui nem elimina jamais aquele.

---

2 *Fruste* tem os sentidos de desgastado pelo tempo; cujo relevo é grosseiro; rudimentar, inculto. *Brusque*, brutal, quase agressivo; imprevisto, súbito. *Rustre*, homem rude e brutal; camponês. (N. T.)
3 "*Slictueux* significa dócil, ativo, untuoso", "*flivoreux* significa frívolo e infeliz". (N. T.)

Indeterminação do sentido?

Indeterminação do simbólico

Uma diferença evidente e radical entre o encadeamento discursivo e a evocação simbólica reside no fato de que um está objetivamente presente, enquanto a outra se produz somente na consciência de quem fala e de quem ouve. Em razão disso, a segunda jamais terá o grau de precisão e de certeza possuídos pelo primeiro e dele só pode se aproximar: seria inútil tentar determinar ao máximo a evocação, pois ela jamais pode igualar a explicação discursiva.

Mesmo que o sentido indireto aparentemente esteja presente – como, por exemplo, nas metáforas *in praesentia* –, o fato da aproximação dos dois sentidos, de sua colocação em equivalência, pode ser interpretado de uma infinidade de modos. A comparação mais explícita, a que ajusta qual motivo reúne esses dois termos, sempre abre, entretanto, a possibilidade de buscar outra associação. A comparação é fundamentalmente dupla, com uma equivalência antecedente (discursiva) e uma equivalência consequente (simbólica) (Henle); os escritores bem sabem que, mesmo motivando abertamente suas comparações, promovem um encadeamento de associações em outros planos. Descrevendo a criança que mais tarde será São Julião, Flaubert escreve: "Tez rosada e olhos azuis, ele parecia um menino Jesus". A comparação é motivada pela semelhança física (parte antecedente), mas também induz à ideia da santidade futura (parte consequente). Tínhamos um exemplo parecido em "como as pedras do piso de uma igreja". Durante a cena do abate de animais, "o céu estava vermelho como uma camada[1] de sangue" – evidentemente a coloração é só o ponto de partida para outras associações e o sangue é aqui apresentado por muitas outras propriedades que não sua cor.

Reconhecer a indeterminação constitutiva de toda evocação *in absentia* é uma coisa; ver todo processo simbólico como essencialmente indeterminado ou, o que dá quase no mesmo, colocar todos os fatos simbólicos numa escala de valores cujo grau superior seria ocupado pelo símbolo menos determinado é, evidentemente, outra. Apesar disso, foi para tal valorização do indeterminado que tenderam os esforços dos teóricos e dos poetas no Ocidente desde a época romântica, por meio de peripécias "simbolistas" ou "surrealistas". Os românticos, é verdade, postulam a existência de dois polos do campo simbólico a que chamam "alegoria" e "símbolo"; mas sua preferência por este último é tão evidente que as alegorias só aparecem como símbo-

---

[1] Em francês, *nappe de sang*. *Nappe* pode significar toalha (de mesa, de altar); lâmina (vasta camada ou extensão plana de fluido); conjunto de fios (tecido) ao sair da urdideira; porção fechada de superfície; porção ilimitada e contínua de uma superfície curva. (N. T.)

los malsucedidos. Ora, é bem o caráter inesgotável e, portanto, intraduzível de um, fechado e determinado do outro, que opõe as duas formas, quaisquer que sejam os termos escolhidos para designá-los. A ideia no símbolo, diz Humboldt, "permanece eternamente inapreensível em si mesma"; "mesmo exposta em todas as línguas, ela continua a ser indizível", adiciona Goethe. O mesmo ocorre com Hegel quanto à oposição entre comparação e símbolo, ou com A. W. Schlegel entre prosa e poesia: "A visão não poética das coisas é aquela que as têm como reguladas pela percepção dos sentidos e as determinações da razão; a visão poética é aquela que as interpreta continuamente e nelas percebe um caráter figurado inesgotável".

Graus de indeterminação

Um modo mais equilibrado de ver as coisas consistiria em colocar a diferença (quantitativa) entre evocação forte e fracamente determinada, abstendo-se inicialmente de qualquer julgamento de valor. O primeiro a ter examinado essa oposição entre expressões simbólicas das quais é factível estabelecer o sentido novo e aquelas em que tal precisão é impossível, no detalhe e sem tomar partido, parece ter sido o grande retórico e gramático árabe Abdalqahir al Jurjani, no século XI. Segundo Jurjani, os tropos são de dois tipos: do intelecto ou da imaginação. Os primeiros são aqueles cujo sentido é estabelecido imediatamente e com certeza; a informação que eles transmitem pode ser, por conseguinte, verdadeira ou falsa, como por exemplo, "eu vi um leão" ao falar de um homem (curiosa coincidência das retóricas grega, sânscrita e árabe neste exemplo: Aquiles, Devadata e Ahmed são todos "um leão"...). Os tropos da imaginação, por outro lado, não visam a nenhum objeto preciso, portanto, não dizem nem verdade nem falsidade; a busca de seus sentidos é um processo prolongado e, no limite, infinito: eles são "impossíveis de delimitar, salvo por aproximação", e o poeta que lança mão deles "é semelhante àquele que retira água de um lago inesgotável, ou ao extrator de um mineral também inesgotável". Qual é, pergunta Jurjani, o objeto visado pela expressão "as renas da manhã" ou "as mãos do vento", ou os "corcéis da juventude"? Não se pode decidir isso com facilidade (*Asrar al balaga*). Encontramos, na época moderna, uma tentativa comparável em Ph. Wheelwrigth (*Metaphor and Reality* [Metáfora e realidade]), que opõe a *diáfora* indeterminada à *epífora*, em que nossas associações são mais estritamente controladas.

A escritura romântica e pós-romântica (como outras antes delas) buscou cultivar a "diáfora" em detrimento da "epífora", o que lhe valeu uma reputação de obscuridade. A própria obscuridade não é um fato massivo e não analisável; suas causas não são sempre semelhantes. Alguns exemplos poderão ilustrar sua variedade e nos familiarizar com a problemática da indeterminação.

Exemplos: Nerval

As quimeras de Nerval, particularmente *El Desdichado* e *Artémis*, pareceram aos olhos de leitores contemporâneos, assim como aos nossos, textos herméticos. Sua obscuridade, entretanto, não é de uma espécie qualquer. Releiamos os dois últimos tercetos de *El Desdichado*:[2]

---

2 Nerval, *As quimeras*. (N. T.)

Simbolismo e interpretação

Sou Biron, Lusignan?... Febo ou Amor?	*Suis-je Amour ou Phébus?... Lusignan ou Biron?*
Ainda o beijo da Rainha rubro me incendeia;	*Mon front est rouge encor du baiser de la reine;*
Eu sonhei na Caverna onde nada a Sereia...	*J'ai rêvé dans la grotte où nage la sirène*
E duas vezes cruzei vencedor o Aqueronte:	*Et j'ai deux fois vainqueur traversé l'Achéron:*
Modulando na cítara a Orfeu consagrada	*Modulant tour à tour sur la lyre d'Orphée*
Os suspiros da Santa e os arquejos da Fada.	*Les soupirs de la sainte et les cris de la fée.*

Mesmo o crítico mais dado ao método "imanente" ou "estrutural" se vê obrigado, diante desses versos, a fazer recurso à pesquisa histórica. A abundância de nomes próprios é reveladora: antes de poder perguntar por que Nerval reuniu assim essas personagens, devemos nos informar sobre o conjunto de associações culturais ligadas aos seus nomes: Amor, Febo, Lusignan, Biron, Aqueronte, Orfeu. Mesmo que não seja automaticamente dissipada, a obscuridade desse texto começará a enfraquecer: uma exploração da memória coletiva é então indispensável. Da mesma forma, se as quatro personagens femininas não recebem nomes próprios, nem por isso deixam de remeter a outros textos que, uma vez lembrados, permitem ultrapassar a dificuldade (conhecer, por exemplo, o episódio dos gritos da fada Melusina separada de Lusignan).[3] Se o poema é obscuro,

---

[3] Ver, a respeito dessa lenda, o artigo "Melusina". In: Le Goff (org.), *Homens e mulheres da Idade Média*. (N. T.)

é porque existe um saber preciso que falta ao leitor; de posse desse saber, a via da compreensão fica aberta (claro que esse é só um início). "A Fada" ou "Amor" não são termos indeterminados, cuja especificação seja deixada à vontade do leitor, incitado a associar livremente a respeito, mas bem ao contrário, são termos de evocações estritamente controladas. A verdade existe. Só que a via que conduz a ela é difícil de ser seguida.

Rimbaud

A obscuridade de Rimbaud é de outra ordem. Mais exatamente, nas *Iluminações* (para ficarmos só nesse texto) encontramos dificuldades de duas ordens. As primeiras, comparáveis às de Nerval, advêm de problemas que concernem ao *referente*. As próprias frases que compõem o texto são bem compreensíveis, mas o objeto que evocam jamais é nomeado e podemos, assim, hesitar em sua identificação (*H* é o exemplo mais claro dessa série); ou então, nomeado, ele se enquadra mal com nossas representações correntes de tal espécie de objetos (por exemplo, *Promontório*); ou ainda, o objeto designado se encarrega de associações simbólicas que não conseguimos precisar (*Realeza*). O que todos esses casos, apesar de bem diferentes, têm em comum é que sua dificuldade é de tipo referencial, e não propriamente semântico: não temos problemas em compreender as frases, mas hesitamos quanto à identidade de seu referente (cuja existência também não é certa) ou associações ligadas a ele.

No entanto, há outro tipo de dificuldades nas *Iluminações*, pelo menos tão abundantemente representado quanto o primeiro, em que a obscuridade tem fontes completamente diferentes. Em seu tratado de hermenêutica, *A doutrina cristã*, Santo Agostinho reconhecia dois tipos de dificuldades para a interpretação (e, portanto, implicitamente, duas formas de simbolismo) — as que se devem à compreensão do discurso e aquelas que dependem de nosso conhecimento das coisas (II, XVI, 23). Da mesma forma aqui, depois das dificuldades independentes do discurso, tropeçamos naquelas que são inteiramente devidas ao *próprio discurso*. A inteligibilidade do discurso exige certo grau de coerência, que os textos de Rimbaud nem sempre apresentam. Se não quisermos renunciar a compreendê-los (se não abandonarmos o princípio de pertinência), somos obrigados a tomar o caminho da evocação simbólica. Contudo, essa via se mostra aqui diferente do que poderia ser em outros lugares.

A incoerência mais massivamente atestada em *Iluminações* ocorre entre frases. Nesses textos, Rimbaud ignora, de alguma forma, a anáfora: duas frases, mesmo vizinhas, não remetem uma à outra nem ao mesmo referente. Uma passagem de *Infância*[4] (III) ilustra esse procedimento de modo quase caricatural:

No bosque há um pássaro,	*Au bois il y a um oiseau,*
cujo canto te detém e te faz corar.	*son chant vous arrête et vous fait rougir.*
Há um relógio que não soa.	*Il y a une horloge qui ne sonne pas.*
Há numa fronde um ninho de bichos brancos.	*Il y a une fondrière avc um nid de bêtes blanches.*
Há uma catedral que desce e um lago que sobe (etc.).	*Il y a une cathédrale qui descend et un lac qui monte (etc.).*

---

4 Tradução de Ferreira Gullar. Disponível em: http://www.literal.com.br/ferreira-gullar/novidades/traducoes-de-poemas/infancia-arthur-rimbaud/. Acesso em 15 jan 2014.

Os objetos, todos colocados no mesmo plano, são heterogêneos e, apesar disso, unificados — referencialmente, pelo circunstante comum "No bosque", e linguisticamente, pelo paralelismo das construções, começando todas por "há".

Em *Depois do dilúvio*[5] devemos nos contentar com a ideia de que o lugar em que se avizinham todos os acontecimentos é simplesmente o universo e que o tempo é "depois do dilúvio":

Na grande rua suja açougues se abriram, e barcos foram lançados nos degraus do mar lá no alto como nas gravuras.	*Dans la grande rue sale les étals se dressèrent, et l'on tira les barques vers la mer étagée là-haut comme sur des gravures.*
O sangue correu, no Barba-Azul, — nos matadouros, — nos circos, onde o selo de Deus empalidecia nas janelas. O sangue e o leite correram.	*Le sang coula, chez Barbe-Bleue, — aux abattoirs, — dans les cirques, où le sceau de Dieux blêmit les fenêtres. Le sang et le lait coulèrent.*
Castores construíram. "Mazagrans" enfumaçaram os botecos. Na imensidão de vidros ainda gotejantes, meninos de luto admiraram imagens maravilhosas.	*Les castors bâtirent. Les « mazagrans » fumèrent dans les estaminets; dans la grande maison de vitres encore ruisselante les enfants en deuil regardèrent les merveilleuses images.*

A dificuldade para a compreensão de tal texto não vem somente da pouca informação de que se dispõe sobre cada um dos objetos evocados (açougue, barcos, janelas, sangue, leite, castores, botecos, casa, crianças, imagens...),[6] que, apesar disso,

---

5 Rimbaud, Depois do dilúvio. In: _____, *Iluminuras*. (N. T.)

6 E para o leitor brasileiro, mais uma dificuldade: *mazagran*. O termo refere-se ao café frio, tomado num copo grande, em geral de faiança ou porcelana, ao qual se pode adicionar água; ou consumido quente,

são precedidos de um artigo definido, como se sua identificação fosse óbvia. Ficamos, no mínimo, igualmente embaraçados pelas poucas relações que existem entre os ditos objetos — e, portanto, pela ausência daquilo que, dessas frases, faz *um* discurso.

A dificuldade aumenta à medida que descemos às unidades inferiores da língua. Vejamos a terceira seção de *Juventude*:[7]

Vozes instrutivas exiladas... A ingenuidade física amargamente domada... Adágio. Ah! o egoísmo infinito da adolescência, o otimismo estudioso: como o mundo se encheu de flores nesse verão! Árias e formas morrendo... — Um coral, que acalme a impotência e a ausência! Um coral de copos, de melodias noturnas... Na verdade, nervos velozes saem à caça.	*Les voix instructives exilées.... L'ingénuité physique amèrement rassise...—Adagio. Ah! l'égoïsme infini de l'adolescence, l'optimisme studieux: que le monde était plein de fleurs cet été! Les airs et les formes mourant... Un chœur, pour calmer l'impuissance et l'absence! Un chœur de verres, de mélodies nocturnes... En effet les nerfs vont vite chasser.*

Ou um parágrafo de *Angústia*:[8]

(Ó palmas! diamante! — Amor, força! — mais que todas as alegrias e glórias! — de qualquer modo, em todas as partes, — demônio, deus, Juventude deste ser; eu!)

---

 acrescido de rum ou outro álcool. O nome do café deriva da famosa batalha na cidade homônima, na Argélia, e encontra-se atualmente dicionarizado como *mazagrã*. Por metonímia, o copo recebeu o mesmo nome da bebida. (N. T.)
7 Rimbaud, Depois do dilúvio. In: _____, Iluminuras. (N. T.)
8 Tradução de Janer Cristaldo. (N. T.)

(*O palmes! diamant! — Amour, force! — plus haut que toutes joies et gloires! — de toutes façons, partout, — Démon, dieu, — Jeunesse de cet être-ci : moi!*)

Aqui não há mais nomes próprios, como em Nerval, dos quais se ignoraria o referente ou as associações comuns; as palavras empregadas pertencem ao vocabulário comum. O que falta são as associações discursivas explícitas: ignoramos quais são as relações que unem essas palavras, esses sintagmas (não basta haver só a sucessão), assim como não sabíamos, nos exemplos precedentes, o que justificava a presença e a ordem de frases, apesar de cada uma delas ser suficientemente clara em si mesma. As associações explicitadas no discurso são a base sobre a qual se encadeiam as associações implícitas de cada leitor; ora, o processo interpretativo é radicalmente alterado quando as evocações simbólicas, por mais engenhosas que sejam, se veem privadas de pedestal: elas propriamente flutuam no ar... O resultado não é, como se poderia imaginar, a impossibilidade de compensar as relações discursivas com relações simbólicas, mas ao contrário, com a superabundância de associações simbólicas, dentre as quais a ausência de fundações discursivas não permite escolher. Há maneiras demais, e não de menos, de unir essas frases inacabadas de *Juventude* num todo.

A descontinuidade e a incoerência são apenas algumas das razões que obscurecem o discurso rimbaudiano. Outra delas reside na dificuldade que temos em identificar o referente de cada expressão tomada isoladamente. Temos sempre a impressão de que Rimbaud nomeia o "gênero próximo" em vez de chamar o objeto por seu próprio nome, de onde a impressão de uma grande abstração que esses textos deixam; jamais conseguimos descer do gênero à espécie. O que é um "repouso iluminado" (*Vigílias* I)? "Um pó negro [que] chove suavemente sobre minha vigília" e "as violetas frondes [que] vão descer" (*Frases*)? O que é "a obra devorante que se junta e se eleva novamente sobre as massas" (*Juventude* I)? Ou a "comédia magnética" (*Desfile*)? Aqui o referente não está mais apenas escondido; ele se encontra, por sua própria essência, inacessível. O resultado das diversas transformações semânticas que vemos em ação em Rimbaud é impressionante, e novo: estamos diante de um texto que é, estruturalmente (e não apenas pela força de contingências históricas), *indecidível*, um pouco como essas equações com diversas incógnitas, que podem receber um número indefinido de soluções.

O que quer dizer uma sequência como "os fogos na chuva do vento de diamantes…" (*Bárbaro*)? Um comentarista propôs que se visse aí um erro de composição, tendo as palavras "do vento" caído da linha superior. O que me parece mais notável nesse caso é a própria possibilidade de hesitar entre um erro tipográfico e uma formulação intencional: o próprio do texto de Rimbaud é precisamente ter tornado possível a hesitação, ter conquistado um direito de presença na literatura para tais textos indecidíveis. Parece-me difícil superestimar a importância histórica desse gesto, à luz do que se tornou a poesia ocidental dos últimos cem anos.

Simbolistas

A exigência de ler o texto "literalmente e em todos os sentidos" (o que também quer dizer: em nenhum) tornou-se o traço distintivo da poesia e, depois, da crítica modernas. No entanto, frequentemente por trás da mesma reivindicação de indeterminação do sentido, escondem-se e revelam-se realidades diferentes.

A poesia simbolista tinha em seu programa uma exigência semelhante. Em primeiro lugar, devia-se simbolizar, mais que significar. Mallarmé dizia: "Nomear um objeto é suprimir três quartos do prazer de um poema, que é feito de adivinhar pouco a pouco; sugeri-lo, eis o sonho", ou ainda: "Creio que é preciso nada mais haver que a ilusão"; e Anatole France exclamava, indignado: "Não mais expressar, mas sugerir! No fundo, aí está toda a poética nova". Além disso, a simbolização não deveria ter um objeto preciso: é nisso que o símbolo se torna, justamente, superior à alegoria. Um Maeterlinck, que por conta própria retomava a distinção romântica bem conhecida, ilustrava o ideal simbolista. Já vimos como os "indícios" que incitavam à interpretação eram inúmeros e insistentes em sua obra: repetições no interior das réplicas ou entre cenas; inutilidade narrativa dos propósitos ou das sequências e, portanto, descontinuidade; atenção desmedida dada a detalhes insignificantes, sobre os quais nos dizemos que, para serem justificados, devem mesmo ter um sentido em outra parte. Contudo, esse sentido jamais é expresso. Por exemplo, Pelléas e Mélisande, junto ao mar, trocam essas frases:

Mélisande: Alguma coisa deixa o porto...
Pélleas: Precisa ser um grande navio... [...]
Mélisande: O navio está na luz... Ele já está bem longe...
Pélleas: Ele se afasta a todo pano... [...]
Mélisande: Por que ele se vai nesta noite?... Quase não se o vê mais... Ele talvez naufrague...
Pélleas: A noite cai bem depressa... [...]
Pélleas: Não se vê mais nada sobre o mar...
Mélisande: Vejo outras luzes...

Simbolismo e interpretação

Essa troca de informações sobre o barco, o mar e as luzes não tem nenhuma justificação narrativa. Porém, por essa mesma razão, o espectador julga que ele tem alguma outra, "simbólica". Contudo, a menos que se refira a códigos externos preestabelecidos, ele não recebe da obra nenhuma determinação precisa. Podemos nos perguntar se o grande sucesso dessas peças de época e seu impressionante esquecimento de hoje em dia não estão ligados ao próprio poder da escritura simbolista: ela implica uma cumplicidade do leitor/auditor, que a todo instante deve suplementar os sentidos que faltam e aproveitar-se do fato de que as palavras foram colocadas em ressonância – isso que o leitor de outra época, sem compartilhar da mesma atmosfera, não pode fazer, e o texto fracassa por não ter mais a recepção solicitada. Em Maeterlinck, assim como em Rimbaud, há indeterminação do sentido, mas a diferença é enorme: este produz uma revolução na linguagem, enquanto o outro solicita que seus leitores sonhem sobre frases insignificantes.

Kafka

As narrativas de Franz Kafka tornaram-se, nos tempos atuais, outro exemplo característico de indeterminação do sentido. Sabemos que a estranheza desses textos levou seus primeiros intérpretes a considerá-los como "parábolas mal disfarçadas" de outra coisa, contudo jamais houve concordância sobre qual seria essa outra coisa. Talvez uma problemática essencialmente religiosa? Ou a antecipação das mazelas de um mundo por demais materialista e burocratizado? Ou ainda lutas do próprio Kafka consigo mesmo, as relações com seu pai, a dificuldade de se casar? A própria abundância das interpretações as torna suspeitas e conduziu uma segunda onda de exegetas a afirmar que a característica do texto kafkiano é de fato se prestar a uma pluralidade de interpretações, sem autenticar nenhuma. Assim escrevia W. Emrich (*Kafka*):

> Todas as possibilidades de interpretação permanecem abertas. Cada uma contém certa verossimilhança e nenhuma é segura de maneira unívoca. [...] A característica da obra de Kafka reside precisamente no fato de que nenhum sentido determinável de modo inequívoco pode ser fixado "por trás" das aparências, os acontecimentos e os discursos que a preenchem...

Supondo que isso seja verdade, por qual meio Kafka produz esse efeito de simbolismo indecidível? Marthe Robert propôs a seguinte explicação: os próprios acontecimentos, representados nessas narrativas, só são instâncias de interpretação – e de interpretação impossível; o simbólico é, ao mesmo tempo, o princípio construtor e o tema fundamental do texto.

> Todas as narrativas de Kafka contêm com a mesma clareza o desejo dessa luta desesperada do herói para saber ao que se agarrar sobre a verdade dos símbolos (*Kafka*). [Por conseguinte,] o herói de Kafka se encontra exatamente na mesma situação que seu exegeta [...], que também está às voltas com os símbolos, que neles crê espontaneamente, encontra-lhes apressadamente um sentido com base no qual ele pensa poder modelar sua vida, e em tudo isso é perpetuamente enganado... (*Sur le papier*).

Joseph K. (*O processo*) tenta em vão saber por que a justiça o persegue, K. o agrimensor (*O castelo*) está engajado numa busca desesperada da identidade do castelo, e o condenado da *Colônia penal* só consegue decifrar a sentença no momento em que, penetrando profundamente em seu corpo, ela o mata. Há então como que uma oposição irredutível, e profundamente desnorteante para a interpretação, entre a clareza do aparelho alegórico realizado por Kafka e a obscuridade da mensagem que ele entrega, entre a incitação textual que tudo alegoriza e a impossibilidade narrativa de encontrar o sentido – isso sendo a mensagem daquilo.

Esses exemplos certamente não esgotam as formas da "obscuridade" na literatura moderna, a variedade que nela toma a indeterminação do sentido. Contudo, eles ilustram, por um lado, a própria existência dessa variedade (ou, se preferirmos, a imprecisão de termos como "obscuro", "indeterminado", "polivalente" etc.) e, de outro, a necessária presença de condições bem particulares para separar os textos "indecidíveis" dos outros. Separação que instaura uma diferença e abre a via para outra análise lúcida, e não que nos fecha na estéril mística do inefável.

Bibliografia sumária

A imensidão do campo, a abundância da literatura que lhe é dedicada, tornariam vã qualquer tentativa de constituir uma bibliografia mais ou menos completa sobre a "simbólica da linguagem". Contento-me então aqui em assinalar algumas obras que: a) desempenharam um papel importante para a formação de minhas próprias ideias; ou b) permitem a orientação entre as diferentes escolas que existiram ou existem ainda. É possível encontrar outras referências, pontuais, em dois estudos que publiquei anteriormente e que poderemos considerar como versões preliminares (e, portanto, obsoletas) da presente obra: "Introduction à la symbolique", Poétique, 11, 1972, p.273-308, e "Le Symbolisme linguistique", in Savoir faire, espérer: les limites de la raison, Bruxelles, 1976, p.593-622. Meu livro Les Genres du discours (Paris: Seuil, 1978) contém análises que frequentemente ilustram as noções aqui descritas.

1. Algumas obras históricas

KUNJUNNI, Raja K. *Indian Theories of Meaning*. Madras: Adyar Library and Research Centre, 1963. (Uma visão de conjunto sobre as teorias sânscritas medievais.)

PEPIN, J. *Mythe et allégorie*. 2.ed. Paris : Augustiniennes, 1977. (Origens gregas e cristãs.)

RICŒUR, P. *La Métaphore vive*. Paris: Seuil, 1975. [Ed. bras.: *A metáfora viva*. Trad. Dion Davi Macedo. São Paulo: Loyola, 2000.] (Uma visão de conjunto das teorias contemporâneas anglo-saxãs e francesas.)

SØRENSEN, B. A. *Symbol und Symbolismus in der ästhetischen Theorien des 18. Jhds und der deutschen Romantik*. Copenhage: Munksgaard, 1963. (Período especialmente fecundo: Pré-romantismo e Romantismo alemães.)

SZONDI, P. *Einführung in die literarische Hermeneutik*. Frankfurt: Suhrkamp, 1975. (História da passagem da hermenêutica religiosa à hermenêutica literária nos séculos XVIII e XIX na Alemanha.)

TODOROV, T. *Théories du symbole*. Paris: Seuil, 1977. [Ed. bras.: *Teorias do símbolo*. São Paulo: Editora Unesp, 2014.] (Algumas teorias particularmente importantes: Santo Agostinho, a retórica clássica, os românticos alemães, Freud.)

2. Alguns estudos teóricos

BOOTH, W. *A Rhetoric of Irony*. Chicago: University of Chicago Press, 1974.

DUBOIS, J. et al. *Rhétorique générale*. Paris: Larousse, 1970.

DUCROT, O. *Dire et ne pas dire*. Paris: Herman, 1972. [Ed. bras.: *Princípios de semântica linguística. Dizer e não dizer*. São Paulo/Campinas: Cultrix/Editora da Unicamp, 1977.]

EMPSON, W. *The Structure of Complex Words*. Londres: Chatto & Windus, 1950. (Tradução parcial em francês: Les assertions dans les mots, *Poétique*, 6, 1971, p.239-70.)

GRICE, P. Logic and Conversation. In: COLE, P.; MORGAN, J. L. (Eds.). *Syntax and Semantics*. v.III. *Speech Acts*, New York, 1975, p.41-58.

HENLE, P. Metaphor. In: HENLE, P. (Ed.). *Language, Thought and Culture*. Ann Arbor: University of Michigan Press, 1958. p.173-95.

HIRSCH, E. D. *Validity in Interpretation*. New Haven: Yale University Press, 1967.

KERBRAT-ORECCHIONI, C. *La Connotation*. Lyon: Presses Universitaires de Lyon, 1977.

PIAGET, J. *La Formation du symbole chez l'enfant*. Paris/Neuchâtel: Delachaux/Niestlé, 1945.

SCHLEIERMACHER, F. *Hermeneutik*. Heidelberg: Carl Winter, 1959.

SPERBER, D. *Le Symbolisme en général*. Paris: Hermann, 1974.

STRAWSON, P. H. Phrase et acte de parole. *Langages*, 17, 1970, p.19-33.

TODOROV, T. Le Sens des sons. *Poétique*, 11, 1972, p.446-62.

2
As estratégias da interpretação

> *A arte da interpretação*
> *só pode se mostrar em plena luz*
> *nas obras semióticas.*
>
> Friedrich Schlegel

Já expliquei a diferença entre uma descrição das condições *gerais* nas quais se desenvolvem as atividades tanto simbólicas quanto interpretativas, e um estudo das escolhas *particulares*, operadas dentre todos os possíveis, por tal gênero literário ou tal estratégia exegética. Diferença de nível, que conduz ao mesmo tempo a duas perspectivas complementares, teórica e histórica. A segunda parte de meu estudo será então simultaneamente uma particularização das categorias até aqui enumeradas, e um teste: em que medida a teoria permite dar conta da realidade histórica?

Para levar essa tarefa a cabo, escolhi inicialmente a vertente interpretativa (de preferência àquela da produção), dado que me pareceu menos explorada. Examinei, em seguida e dentre outras, duas grandes escolas exegéticas: tanto porque sua influência foi mais forte que as demais, quanto porque sua articulação histórica me parece rica em ensinamentos. São elas a exegese patrística e a filologia. Meu estudo dessas duas estratégias não se deseja original no plano histórico. Sua finalidade é trazer um complemento necessário à exposição geral que precede.

Uma interpretação finalista: a exegese patrística

O encadeamento da interpretação

O primeiro exemplo será o de uma estratégia que, no mundo ocidental, permaneceu dominante mais longamente que qualquer outra: a exegese bíblica, tal como se formou nos primeiros séculos do cristianismo e se perpetuou até o século XVII aproximadamente. Escolhi como texto de referência os escritos teóricos de Santo Agostinho e me permito completar com algumas referências àqueles que prepararam seu caminho ou àqueles, menos numerosos, que o seguiram.[1]

---

1 A questão foi abundante e sabiamente tratada. Eis aqui alguns títulos úteis: Moirat, *Notion augustinienne de l'herméneutique*; Comeau, *Saint Augustin, exégète du 4ᵉ Évangile*; Marrou, *Saint Augustin et la fin de la culture antique*; Pontet, *L'Exegèse de Saint Augustin prédicateur*; Pépin, Saint Augustin et la fonction protreptique de l'allégorie, *Recherches augustiniennes*, p.243-86; Pépin, A propos de l'histoire de l'exegèse allégorique, l'absurdité signe de l'allégorie. In: *Studia patristica*, t.I,

Tzvetan Todorov

Princípio geral

A interpretação (na medida em que distinta da compreensão) não é, como já vimos, um ato automático; é preciso que alguma coisa, no texto ou fora dele, indique que o sentido imediato é insuficiente, que deve ser considerado somente como o ponto de partida de uma busca cuja finalização será um sentido segundo. Qual é aqui o indício que engaja a exegese? A estratégia patrística comporta uma resposta detalhada a essa questão. Contudo, de fato, todos os detalhes se reduzem a um princípio único. É que desde o princípio não há somente um sentido, mas dois: o sentido imediato das palavras que formam o texto da Bíblia e o sentido que sabemos de que ela está provida, dado que é, como disse São Paulo, divinamente inspirada; chamemos a este último, para simplificar, de doutrina cristã. A interpretação nasce da distância (não necessária, mas frequente) entre esses dois sentidos; ela nada mais é senão o percurso que, por uma série de equivalências, nos permite religar e, portanto, identificar, um com o outro.

O indício que engaja a interpretação não se encontra, portanto, no próprio texto, mas em sua confrontação incessante

---

p.395-413; Strauss, *Schriftgebrauch, Schriftbeweis bei Augustinus*; Duchrow, *Sprachverständnis und biblisches Hören bei Augustinus*. Também nos referiremos às partes correspondentes das histórias da hermenêutica, tais como Spicq, *Esquisse d'une histoire de l'exegèse latine au Moyen Âge*; Pépin, *Mythe et allégorie*; de Lubac, *Exegèse médiévale, Les quatre sens de l'Écriture*; Grant, *L'Interprétation de la Bible des origines chrétiennes à nos jours*. O tratado, capital sob todos os prismas, de Santo Agostinho, *A doutrina cristã*, será doravante designado pela abreviação DC e será citado na tradução da Biblioteca augustiniana.

com outro texto (o da doutrina cristã) e na diferença possível entre os dois. Santo Agostinho é extremamente claro acerca disso: a interpretação deve ser exercida sobre toda expressão figurada. Ora, como se descobre que uma expressão não deve ser tomada no sentido próprio?

> Mostremos em primeiro lugar o meio de descobrir se a expressão é própria ou figurada. Vamos resumir. Tudo aquilo que, na palavra divina, tomada no sentido próprio, não pode se referir nem à honestidade dos costumes nem à verdade da fé, está dito, saibam, no sentido figurado. (*DC*, III, X, 14)

Esse princípio é tão massivo e geral que o trabalho de engajamento não necessariamente é regulamentado de modo explícito: bastará sempre se referir ao princípio. Não é menos verdade que se podem enumerar alguns casos particulares em que o princípio é adaptado a circunstâncias concretas. Aqui, são propriedades inerentes ao próprio texto que assinalam a necessidade de interpretar.

Inverossimilhanças doutrinais

Primeiramente, são figuradas e, portanto, devem ser interpretadas as passagens que contradizem abertamente a doutrina cristã. Por conseguinte, trata-se de uma contradição *in absentia*, de uma *inverossimilhança doutrinal*. Eis a regra enunciada por Santo Agostinho:

> Se a locução formula um preceito, interditando seja uma ignomínia, seja uma iniquidade, ou ordenando seja um ato útil,

seja um ato caridoso, ela não é figurada. Se parece, ao contrário, ordenar seja uma infâmia, seja uma iniquidade, ou interditar seja um ato útil, seja um ato caridoso, ela é figurada (*DC*, III, XVI, 24). Quanto aos atos e palavras considerados pretensamente pelos ignorantes como infâmias e postas por conta seja de Deus, seja dos homens dos quais se louva a santidade, são inteiramente figurados. [Segue o exemplo:] Assim, um homem de senso ponderado de forma alguma acreditará que os pés do Senhor foram aspergidos com um perfume precioso por uma mulher à maneira pela qual se asperge habitualmente os pés dos homens voluptuosos e corrompidos no decorrer dos banquetes especiais, que consideramos horrorosos. Pois o bom odor é a boa reputação que cada um obtém pelas obras de uma vida santa, caminhando sobre os passos de Cristo e espalhando, por assim dizer, o mais precioso perfume em seus pés. Assim, um ato que, em outras pessoas, é na maior parte do tempo uma ignomínia, se torna, na pessoa de Deus ou de um profeta, o signo de uma grande coisa. (*DC*, III, XII, 18)

Inverossimilhanças materiais

Em segundo lugar, não é sequer necessário que o texto da Bíblia seja ofensivo para a religião cristã — basta que contradiga o simples bom senso, os conhecimentos comuns; é uma *inverossimilhança* não mais doutrinal, porém de alguma forma *material*. Santo Agostinho também é explícito nisso: "Quando um pensamento expresso pelos termos tomados no sentido próprio é absurdo, é preciso se perguntar com toda força se esse pensamento que não compreendemos não foi, por acaso, expresso sob a forma de tal ou tal tropo" (*DC*, III, XXIX, 41).

Simbolismo e interpretação

Eis a aplicação da regra:

De fato, um indício precisa advertir o leitor de que a narrativa não deve ser entendida no sentido carnal: as verdes relvas e as árvores frutíferas constituem a alimentação que o Gênesis atribui a todas as espécies de animais, a todos os pássaros, assim como a todas as serpentes; ora, bem sabemos que os leões se alimentam exclusivamente de carne. [...] Por que o Espírito Santo introduz certas declarações que, aplicadas ao mundo visível, parecem absurdas, se não for, ao não podermos compreendê-las ao pé da letra, para que busquemos o sentido espiritual? (*In Os.*, 77, 26-27)

Superfluidades

Por fim, em terceiro lugar, não é necessário que o texto bíblico calunie Deus ou seus fiéis, ou mesmo que ele ofenda a razão; basta que ele compreenda fragmentos cuja utilidade para a doutrina cristã não é evidente. Isso produz a figura da *superfluidade*, indício que consiste na ausência do positivo, mais que na presença do negativo. Santo Agostinho explica isso em outro texto: devemos considerar como figurado não somente aquilo que, tomado literalmente, seria chocante, mas também aquilo que seria inútil ao ponto de vista religioso (*De Gen. Ad. Litt.*, IX, 12, 22).

Notaremos certo ar de parentesco entre esses diversos procedimentos: em nenhum caso se descobre a existência de um sentido segundo e, portanto, a necessidade de interpretar, por uma confrontação de segmentos copresentes no texto; as inverossimilhanças e as superfluidades codificadas por Santo Agostinho resultam da evocação de outro texto, presente somente na memória, que é a própria doutrina cristã. Dito de outra maneira, os indícios que engajam a interpretação na estratégia patrística são paradigmáticos, e não sintagmáticos. Eis também o que diferencia uma estratégia de outra; se eu tivesse tomado como exemplo a glosa rabínica, teríamos observado uma repartição inversa. No entanto, naturalmente, o que é ainda mais característico da exegese patrística é a ausência da necessidade de dispor de indícios formais para decidir que um texto deve ser interpretado; a obrigação de interpretar é, de alguma forma, dada previamente.

A escolha dos segmentos interpretáveis

Na exegese patrística, qualquer segmento do texto pode ser objeto de interpretação, desde que ele caiba no princípio geral. Todavia, existem segmentos que, por sua própria natureza, demandam mais frequentemente interpretação que outros. A estratégia patrística não parece, nisso, ser particularmente original, pois encontramos uma escolha parecida em outras estratégias interpretativas contemporâneas.

O princípio ao qual podemos reduzir as razões da escolha de um segmento e não de outro é o seguinte: quanto mais o *sentido linguístico* é *pobre*, portanto sua compreensão é limitada, mais a *evocação simbólica* se enxerta facilmente nele e, em consequência, a interpretação é *rica*. Como no léxico existem palavras de sentido particularmente limitado, estas serão escolhidas como matéria a ser interpretada, em detrimento de outras.

Nomes próprios

A classe de palavras de sentido mais pobre é evidentemente aquela dos *nomes próprios*. Isso explica que, em quase toda a tra-

Simbolismo e interpretação

dição exegética, uma atenção particular lhes tenha sido dada. Santo Agostinho segue aqui a tradição:

> Há muitas palavras hebraicas que não foram traduzidas pelos autores desse mesmo livro [a Bíblia] e que certamente constituiriam uma força e uma ajuda muito apreciáveis para resolver os enigmas das Escrituras, se alguém pudesse fazer a tradução. Certo número de excelentes estudiosos de hebraico, é verdade, prestaram um serviço notável à posteridade, destacando nas Escrituras, e traduzindo-as, todas as palavras dessa categoria. Deram-nos assim a significação de Adão, de Eva, de Abraão, de Moisés, e também os nomes de lugares, Jerusalém, Sião, Jericó, Sinai, Líbano, Jordão, e todas as outras palavras hebraicas que são reconhecidas. (*DC*, II, XVI, 23)

Nomes próprios, e nomes próprios estrangeiros, logo ainda mais incompreensíveis... De preferência, Santo Agostinho encontra uma justificação puramente cristã a essa prática: Cristo, dando um novo nome a Simão (Pedro), não provou que os nomes não são arbitrários?

Números

Nem por serem os mais pobres em sentido, os nomes próprios são os únicos a satisfazer à exigência exegética. Outro exemplo de segmentos linguísticos muito frequentemente interpretados é constituído dos *números* (que não são "assêmicos", mas "monossêmicos"). Santo Agostinho dá ainda testemunho disso:

A ignorância dos números também impede a compreensão de muitas expressões empregadas nas Escrituras sob uma forma transposta e simbólica. Seguramente, um espírito que eu diria bem nascido é necessariamente levado a se questionar sobre o que significa o fato, para Moisés, Elias e o Senhor, de ter jejuado quarenta dias. Ora, esse fato traz um problema simbólico que só é resolvido por um exame atento desse número. Ele compreende quatro vezes dez e, com isso, também o conhecimento – incluído no tempo – de todas as coisas. É num ritmo quaternário que se desenrola o curso do dia e do ano [...]. O número dez simboliza o conhecimento do Criador e da Criatura; três designa a Trindade do Criador, sete a Criatura, considerada em sua alma e seu corpo. De fato há, na primeira, três movimentos que a levam a amar a Deus com todo o seu coração, com toda a sua alma, com todo o seu espírito; e, no segundo, quatro elementos bem manifestos que o constituem. Em seguida, esse número sugere-nos a cadência do tempo, isto é, ao voltar quatro vezes, aconselha-nos a viver, afastados dos prazeres temporais, na castidade e na continência, e nos prescreve jejuar quarenta dias. É isso o que nos explica a lei personificada por Moisés, é isso que nos mostra a profecia representada por Elias; é isso o que nos ensina o próprio Senhor. (*DC*, II, XVI, 25)

As operações aritméticas atingem facilmente, como sabemos, uma complexidade vertiginosa, pois os grandes números devem ser reduzidos aos pequenos, que são os únicos a serem dotados de um sentido bem determinado. A análise à qual Santo Agostinho submete o número 153 (número dos peixes conseguidos na pesca miraculosa) é célebre. Primeiramente, $153 = 1 + 2 + \ldots + 17$; é então um número "triangular";

Simbolismo e interpretação

ora, 17 = 10 + 7, isto é, a lei e o Espírito Santo. Ou ainda: 153 = (50 x 3) + 3; mas 3 é a Trindade e 50 = (7 x 7) + (1 x 1) etc. (*Tract. in Joan.*, 122, 8, 1963). Poderíamos encontrar, nas tradições vizinhas, exemplos mais complexos e baseados em associações ainda mais surpreendentes.

Nomes técnicos

Quase tão pobres quanto os números são os *nomes técnicos*, estranhos ao léxico comum, que designam, por exemplo, uma classe de seres:

A ignorância das propriedades de certos animais mencionados pelas Escrituras embaraça muito aquele que busca compreender. Tal embaraço é produzido pela ignorância sobre as pedras, as plantas e todos os arbustos que têm raízes. Pois o conhecimento do carbúnculo, que brilha nas trevas, por sua vez esclarece muitas obscuridades dos santos Livros, em todos os lugares em que esse animal[2] é empregado como figura. Por outro lado, a ignorância sobre o berilo e sobre o diamante frequentemente fecha as portas para a compreensão. E se nos é fácil compreender que o ramo de oliveira trazido pela pomba em seu retorno à arca simboliza a paz perpétua, isso se deve somente ao que sabemos sobre o fato de que o untuoso contato do óleo não pode ser facilmente alterado

---

2 Em que pese essa afirmação, só há referências a carbúnculo (fr. *escarboucle*, do lat. *carbunculus*) como o antigo nome de uma pedra preciosa vermelha brilhante, que posteriormente passou a ser chamada de *granada almandina*. Sua representação em peças heráldicas recebe o mesmo nome. (N. T.)

por um líquido que lhe seja estrangeiro, e que a própria oliveira está sempre coberta por folhas. (*DC*, II, XVI, 24)

Se um texto fala de carbúnculo, de berilo ou de oliveira, é claro que não é por eles mesmos, porém em vista da interpretação simbólica à qual se submete essas espécies e, portanto, essas palavras.

Cada uma dessas interpretações, imaginamos, teria sido bem mais difícil caso se aplicasse a frases constituídas de palavras mais comuns, sem nomes próprios nem números. Todavia, trata-se de uma tendência da própria língua, e não de uma imposição feita deliberadamente pelos Pais da Igreja.

As motivações; as concordâncias

Motivação semântica

Sendo previamente dados os dois sentidos, direto (aquele das palavras da Bíblia) e indireto (aquele da doutrina cristã), a interpretação consistirá em mostrar que eles são equivalentes. Ora, não há infinitos meios para estabelecer uma equivalência semântica: fazemos isso seguindo as vias do simbolismo *lexical* (abolindo então o sentido da asserção inicial na qual se encontra integrado o segmento a ser interpretado) ou do simbolismo *proposicional* (adicionando à primeira asserção uma segunda). A escolha é tão limitada que cada prática interpretativa necessariamente fará recurso às duas possibilidades. Assim, nos exemplos já citados, o perfume é a boa reputação: a primeira ação não ocorreu e temos então aqui um caso de simbolismo lexical. Por outro lado, Jesus permaneceu mesmo quarenta dias no deserto: a asserção inicial é mantida; mas além disso, a indicação da duração dessa estadia simboliza outra coisa: trata-se aqui de um exemplo de simbolismo proposicional.

Poderíamos classificar assim as associações, dizendo que elas vão do geral ao particular, do particular ao geral, do particular ao particular etc., formando figuras como o exemplo, a metáfora, a sinédoque e assim por diante. Veremos mais tarde que forma particular de motivação a exegese patrística reivindica para si; notemos somente aqui que ela tem uma predileção por certas formas do simbolismo proposicional (manutenção do sentido literal).

Paronímia

A motivação semântica é obrigatória; ela pode ser não exatamente substituída, mas secundada por uma motivação no significante, ou *paronímia*. Por sua vez, esta toma várias formas: contaminação (uma palavra simples é tratada como palavra-valise), *notarikon*[3] (cada letra da palavra é interpretada como a inicial de outra palavra), simples calembur etc. Todas essas técnicas estão presentes na exegese patrística e especificamente em Santo Agostinho, mas parecem ser advindas da tradição judaica.

---

3 O *notarikon* faz parte dos três sistemas cabalísticos (*notarikon*, *gematria* e *temura*) destinados a interpretar a Torá; ele se baseia na *Hohkmat ha-zeruf* (combinação das letras) e tem duas formas: a primeira como explicada por Todorov e a segunda como o inverso da primeira, ou seja, as iniciais, ou finais, ou as duas, ou as medianas de uma frase são tomadas para formar uma ou mais palavras. (N. T.)

As histórias da exegese negligenciam, na maior parte do tempo, esse gênero de detalhes: diferença entre os indícios sintagmáticos e paradigmáticos, natureza dos segmentos interpretáveis, motivação lexical ou proposicional, presença ou ausência do desvio paronímico. Elas erram nisso, pois o estudo dessas escolhas pode contribuir para esclarecer precisamente algumas questões históricas. Perguntamo-nos, por exemplo, se Théagène, "inventor" do método alegórico, não é ele mesmo uma invenção mais tardia, do tempo dos estoicos, os quais praticavam abundantemente a exegese alegórica. Embora as duas práticas exegéticas, vistas de longe, se pareçam, no detalhe diferem: por exemplo, entre os estoicos o desvio paronímico é quase obrigatório; em Théagène, ele jamais está presente. Ainda se diz: Fílon não podia ter emprestado o método alegórico dos estoicos? Mas estes interpretam quase exclusivamente os nomes próprios, enquanto Fílon de Alexandria dedica mais espaço às análises de nomes comuns; ele pratica simultaneamente simbolismo lexical e simbolismo proposicional, enquanto os estoicos, nesse campo, se limitam exclusivamente à palavra. Poderíamos facilmente multiplicar os exemplos; nunca se falará suficientemente sobre o proveito mútuo que a teoria e a história tirariam, nessa matéria, se elas se frequentassem mais.

Unidade do sentido

Ao estabelecer uma equivalência semântica, ou motivação, atribuímos à palavra ou à frase um sentido que habitualmente não é o seu. Contudo, tal estratégia interpretativa é necessariamente uma tomada de controle sobre as associações semânticas, e não sua libertação. É preciso então encontrar *provas* justificando essa motivação, esse parentesco dos dois sentidos ou, melhor ainda, estabelecendo que os dois, de fato, são um só. De onde uma pesquisa sistemática de outros segmentos do texto em que a palavra – à qual se atribui um novo sentido – já possui, de maneira incontestável, esse sentido. Na base dessa pesquisa encontra-se um princípio não formulado, mas que nem por isso é menos poderoso: no fundo, uma palavra só tem um sentido. Aí está o que leva o exegeta a buscar o acordo por trás da aparente diversidade.

Santo Agostinho formula assim essa regra: "Devemos aprender, nas passagens em que os termos são empregados num sentido claro, o modo de compreendê-los nas passagens em que são empregados num sentido obscuro" (*DC*, III, XXVI, 37). Se procuramos compreender o que quer dizer "escudo" em tal salmo, é preciso apreender o sentido nos outros salmos. E continua: Não devemos aplicar essa regra cegamente – a palavra pode ter mais de um sentido, e um sentido pode ser evocado por mais de uma palavra. Não há aqui a afirmação da unicidade absoluta do sentido, mas somente tendência a controlar e restringir a pluralidade (voltaremos a isso).

A essa primeira regra de conduta somamos uma segunda: não somente, em princípio, a mesma palavra e a mesma frase têm sempre o mesmo sentido no interior de um texto, mas as diferentes palavras, as diferentes frases do texto têm todas um único e mesmo sentido. A variedade dos significantes é tão ilusória quanto aquela dos significados. No fundo, a Bíblia diz sem cessar a mesma coisa, e se não compreendemos o sentido de uma passagem, basta olhar outra: elas são as mesmas. Orígenes já havia formulado este axioma: "Saibamos que a Escritura, sendo obscura, não é preciso procurar outros meios para compreendê-la; basta aproximar umas das outras as passagens em que elementos da exegese se encontram dispersos" (*Select. in Ps., Ps. 1*). Santo Agostinho segue essa proposição: "Quase nada é extraído dessas obscuridades que não se encontram claramente ditas em outros lugares" (*DC*, II, VI, 8); e até São Tomás de Aquino, que reformula o princípio: "Nada necessário à fé está contido no sentido espiritual, que não esteja contido claramente em outros lugares no sentido literal".[4]

Concordâncias

De tanto procurar provar assim a unidade do sentido e do texto, somos levados a um trabalho incessante de relação intertextual ou, como se dizia então, de *concordância* – a tal ponto que por vezes a pesquisa das equivalências se torna um fim em si mesma. Encontramos um bom exemplo disso nos *Sermões* de Santo Agostinho que, partindo da posição simétrica ocupada por Cristo e São João Batista, remonta a inúmeras e finas semelhanças e oposições nos textos que os descrevem: o primeiro nasceu no solstício do inverno, quando os dias se prolongam, o segundo no solstício de verão, quando os dias decrescem; Jesus nasce de uma mãe jovem e virgem, e João Batista, de uma mulher idosa; um é exaltado por sua morte, pois é colocado na cruz, o outro é rebaixado, pois é decapitado etc. (cf. Pontet, op. cit., p.141). Vemos que Santo Agostinho é aqui ainda mais atento às oposições que às identidades; então não se trata mais de visar, pela relação intratextual, ao estabelecimento

---

[4] *Somme théologique*, t.I, questão I, artigo 10, solução 1.

Simbolismo e interpretação

de um sentido único (não imediatamente, em todo caso); por um momento, a análise se libera da tutela por demais visível exercida pela busca do sentido.

A busca encarniçada das concordâncias dará nascimento, alguns séculos mais tarde, a uma heresia particular, a de Joaquim de Fiore. Joaquim dedicará à concordância todos os esforços em várias obras, entre as quais uma que se intitula *Livre de la concordance entre les deux Testaments* [Livro das concordâncias entre os dois Testamentos]. Lê-se:

> Dizemos que a concordância é, propriamente falando, uma similaridade de proporções iguais que se estabelece entre o Novo e o Antigo Testamentos [...]. é assim que nas duas partes um personagem e um personagem, uma ordem e uma ordem, uma guerra e uma guerra se respondem em réplicas semelhantes e se olham com mútuas faces [...] de tal maneira que se desvela ligeiramente o sentido das coisas, e que a similaridade permite melhor compreender o que é dito [...]. Se raciocinamos de maneira justa, há então duas coisas significantes para uma coisa significada.

Aqui está um exemplo:

> A concordância existe, para retomar um de nossos exemplos, entre Abraão e Zacarias, porque um e outro desses personagens, já velhos, geram cada um em sua mulher, até então estéril, um filho único. E que não se diga que aqui há dessemelhança porque o patriarca Isaac gera Jacó, enquanto João não gera, mas batiza Cristo: de fato, a geração carnal foi afirmada naquele que foi o pai de um povo de carne, Israel; e neste foi afirmada a geração

espiritual, porque ele foi o pai, segundo o espírito de todo o povo cristão.⁵

Não poderíamos achar que estamos lendo uma "análise estrutural do mito"?

A heresia consiste em dizer que o Antigo e o Novo Testamentos estão exatamente no mesmo plano e que o privilégio do primeiro sobre o segundo – a própria base da exegese patrística, é preciso acrescentar – está eliminada. A tal ponto que Joaquim está pronto para interpretar não somente o Antigo Testamento como anúncio do Novo, mas também o Novo como anúncio de um terceiro tempo: o fim do mundo como estando próximo. Ao invés de instaurar-se entre os dois Testamentos uma relação de completude, como o deseja a ortodoxia da tradição, só se tem uma simples repetição, dois significantes, não hierarquizados, de um mesmo significado. Joaquim é bem explícito sobre isso: "Quando você descobrir o que significa o Antigo Testamento, não precisará buscar o que significa o Novo, pois nenhuma dúvida pode desde então se elevar a esse respeito: seus dois sentidos têm uma mesma acepção e os dois Testamentos têm *uma* explicação espiritual" (Ibid., p.45).

A prática exegética de Joaquim, que já se encontrava em germe em certos textos de Agostinho, transborda os quadros da exegética patrística; foi seu próprio interesse, muito mais que seu valor de exemplo, que me fez citá-lo. O que permanece característico da estratégia cristã é a *afirmação de unidade de sentido* da Bíblia e, desde então, o controle exercido sobre a polissemia.

---

5 Flore, *L'Évangile éternel*, t.II, p.41-2.

Sentido novo ou sentido antigo?

O exegeta da Bíblia não tem dúvidas quanto ao sentido ao qual chegará; nisso reside o ponto mais solidamente estabelecido de sua estratégia: a Bíblia enuncia a doutrina cristã. Não é o trabalho de interpretação que permite estabelecer o sentido novo, muito pelo contrário, é a certeza concernindo ao sentido novo que guia a interpretação. Orígenes[6] já afirmava que, para bem interpretar a Escritura, é preciso (e basta) conhecer a mensagem divina; inversamente, para aquele que a ignora, a Escritura permanecerá obscura para sempre. "As coisas divinas são entregues aos homens de modo um pouco escondido, e permanecem ainda mais escondidas para os descrentes ou indignos" (IV, 1, 7). "A alma só pode aceder à perfeição do conhecimento se foi inspirada pela verdade da sabedoria divina" (IV, 2, 7). O ponto de chegada é então antecipadamente conhecido; o que se busca é o melhor caminho para atingi-lo. É a própria comparação usada por Santo Agostinho: "Se [o leitor] se engana, mesmo dando uma interpretação que edifique a caridade, fim do preceito, ele se engana como uma pessoa que, por erro, abandonasse a estrada e seguisse sua marcha através dos campos, para o ponto em que, aliás, essa estrada conduz" (*DC*, I, XXXVI, 41).

Uma interpretação que atua na caridade não pode ser falsa. Esse princípio, pedra angular da exegese patrística, é frequentemente formulado por todos aqueles que a praticam. "Para Irénée [...] só há um critério de interpretação correta.

---

6 *Traité des principes*.

Esse critério é a regra de fé." Segundo Clemente de Alexandria: "Como o leitor escolherá entre os sentidos da Escritura? Qual princípio geral guiará sua interpretação? Para um fiel da Igreja, só pode haver uma resposta: a chave de toda a Escritura é a fé em Cristo, em sua pessoa e em sua obra". Aos olhos de Tertúlio, "a única maneira de escolher entre a interpretação literal e a alegórica de uma passagem era ver se seu sentido primeiro estava ou não de acordo com o ensinamento da Igreja" (Grant, op. cit., p.62, 69, 91).

Santo Agostinho reformula amiúde essa ideia:

> Aproveite a ocasião para advertir [o candidato à conversão] de que se ele de fato entende nas Escrituras uma palavra de caráter carnal, deve saber que não a compreendeu, que ela significa uma verdade espiritual, relativa à santidade dos costumes e à vida futura. Assim, ele aprende em poucas palavras que tudo o que entende nos livros canônicos e não pode atribuir ao amor da eternidade, da verdade, da santidade e ao amor ao próximo deve ser visto por ele como uma palavra ou um ato figurado. Em seguida, ele tratará de compreendê-la de maneira a convertê-la a esse duplo amor (*De catech. Rud.*, XXVI, 50).

Sabe-se antecipadamente que os livros falam de amor; esse saber fornece então ao mesmo tempo o indício das expressões carregadas de um sentido simbólico ou segundo e a própria natureza desse sentido. A incógnita, nesse trabalho, não é o conteúdo da interpretação, mas o modo pelo qual esta se constrói; não o "o que é", mas o "como". É o que também afirma um enunciado mais curto da mesma regra: "Eis a regra a ser observada para as locuções figuradas: é preciso examinar o que se lê com uma atenção minuciosa, até que a interpretação seja conduzida ao seu fim: o reino da caridade" (*DC*, III, XV, 23).

Dado que é o sentido "final" que conta acima de tudo, pouco se preocupará com o sentido "original" ou intenção do autor. A busca deste é uma preocupação quase ociosa, exterior ao projeto da exegese, que é ligar o sentido dado ao sentido novo. "Alguém que tira do estudo das Escrituras uma ideia útil à edificação da caridade, sem com isso restituir o pensamento autêntico do autor, na passagem que interpreta, não comete erro pernicioso, nem comete a menor impostura" (*DC*, I, XXXVI, 40).

E ainda:

> Uma coisa é não ver o que o autor pensou, outra é desviar-se da regra de piedade. Se as duas puderem ser evitadas, a colheita do leitor encontra seu máximo. Mas se as duas não podem ser evitadas, então, mesmo que a intenção do autor possa ser incerta, não é inútil fazer jorrar uma significação mais profunda, conforme à verdadeira fé (*De Gen. Ad. Litt.*, I, 21).

A busca da intenção passa, de toda forma, para o segundo plano, por trás da edificação da caridade e da "regra de piedade".

A doutrina dos quatro sentidos

Desde a época patrística se admite que a Escritura tem múltiplos sentidos. A variante mais comum dessa teoria consiste em dizer que o sentido é quádruplo, articulado inicialmente sobre uma oposição entre sentido *literal* (ou histórico) e sentido *espiritual* (ou alegórico), sendo que em seguida este último se subdivide em três: sentido *alegórico* (ou tipológico), sentido *moral* (ou tropológico) e sentido *anagógico*. Uma fórmula de São Tomás de Aquino codifica assim o que há muito tempo era uma opinião comum:

> A primeira significação, a saber, aquela pela qual as palavras empregadas expressam certas coisas, corresponde ao primeiro sentido, que é o *histórico* ou *literal*. A significação segunda, pela qual as coisas expressas pelas palavras significam, novamente, outras coisas, é o que chamamos de sentido *espiritual*, que se funda assim sobre o primeiro e o supõe. Por sua vez, o sentido espiritual divide-se em três sentidos distintos. De fato, o Apóstolo diz: "A lei antiga é uma figura da lei nova"; Denis adiciona: "A nova lei é uma figura da lei a advir"; enfim, na nova lei, o que aconteceu com o Senhor é o signo do que nós mesmos devemos fazer. Quando então as coisas da antiga lei significam aquelas da lei nova, temos o sentido *alegórico*; quando as coisas realizadas em Cristo ou concernindo a Suas figuras são o signo daquilo que devemos fazer, temos o sentido *moral*; por fim, se consideramos que essas mesmas coisas significam aquilo que é da glória eterna, temos o sentido *anagógico*. (*Suma teológica*, questão I, artigo 10, conclusão)[7]

---

[7] O trabalho clássico sobre a questão dos quatro sentidos é o de von Dobschütz, Von vierfachen Schriftsinn. Die Geschichte einer Theorie. In: _____, *Harnack-Ehrung. Beiträge zur Kirchengeschichte*. Os quatro volumes da *Éxegèse medieval*, de Lubac, examinam a questão sob todos os seus ângulos, mas não são de fácil apreensão. Podemos ler em francês o trabalho mais sucinto de Pézard, *Dante sous la pluie de feu*, p.372-400: "Os quatro sentidos da Escritura".

Simbolismo e interpretação

Precisemos inicialmente alguns pontos de terminologia. O sentido moral é também chamado de tropológico – termo que é melhor evitar aqui, para não confundir com "tropo". "Alegoria" designa tanto o conjunto dos três últimos sentidos quanto apenas um dentre eles; para evitar ainda as confusões, falaremos de sentido espiritual no primeiro caso, de sentido topológico ou, mais simplesmente, de tipologia no segundo – embora este último termo não tenha um uso arcaico.

Vejamos agora o exemplo de uma interpretação segundo os quatro sentidos praticada por Dante na famosa – embora talvez inautêntica – carta a Cangrande:

> Para que esse modo de usar fique mais claro, podemos examiná-lo nestes versículos: Quando Israel saiu do Egito, e a casa de Jacó se apartou de um povo bárbaro, a terra de Judá tornou-se o santuário do Senhor, e Israel seu reino (*Salmos*, 113).[8] Pois se nos ativermos à letra, o sentido é a saída dos filhos de Israel do Egito no tempo de Moisés. Se tomarmos a alegoria, o sentido é nossa redenção operada por Cristo. No sentido moral, é a conversão da alma, da dor e da miséria do pecado ao estado de graça. No sentido anagógico, é a passagem da alma santa, da servidão da corrupção presente à liberdade da glória eterna.

Vemos aí um modo de distinguir os três sentidos espirituais e atrelá-los ao tempo: passado (tipológico), presente (moral), futuro (anagógico).

---

8 Tradução da citação extraída de Bíblia Ave Maria. Disponível em: http://www.bibliacatolica.com.br/biblia-ave-maria/salmos/113/#.Uuz20z1dWls. Acesso em: fev. 2014. (N. T.)

Tzvetan Todorov

Alegoria cristã?

Um problema ainda permanece alvo de debates em nossos dias: é aquele da *originalidade da alegoria cristã* em relação à alegoria pagã, contemporânea ou anterior, tal como era praticada, principalmente na Grécia antiga. Adivinhamos as duas teses em presença: segundo alguns autores, a diferença é puramente substancial, uma forma já existente (a alegoria pagã) teria sido aplicada a uma matéria nova (a ideologia cristã); segundo outros, entre os quais vários homens da Igreja, a alegoria cristã é completamente diferente da alegoria pagã, até em suas formas.

Sem ainda entrar nos detalhes, podemos observar que os três sentidos espirituais são depreendidos a partir de asserções mantidas – dito de outra forma, trata-se de um simbolismo proposicional. Essa observação é habitualmente formulada como: há exigência de manter o sentido literal. Frequentemente, é mesmo na manutenção do sentido literal que se observa a especificidade da alegoria cristã: a alegoria pagã, com efeito, reclama sua abolição. Assim, Auerbach escreve:

> No caso da alegoria ou do simbolismo, pelo menos um dos elementos que se combinam é um puro signo, enquanto na relação tipológica os fatos significante e significado são, ambos, acontecimentos históricos reais e concretos. Numa alegoria do amor ou num símbolo religioso, pelo menos um dos dois termos não pertence à história humana. É uma abstração ou um signo. Por outro lado, no sacrifício de Isaac considerado como a figura do sacrifício de Cristo, nem o acontecimento prefigurante nem o acontecimento prefigurado perdem, pela força de seu sentido e da relação figurativa, sua realidade literal e histórica. Esse ponto

é essencial e foi sublinhado com muita insistência, pelo menos na tradição ocidental.[9]

Ou de Lubac:

Dois sentidos que [como na alegoria cristã] se somam, ou dois sentidos dos quais o primeiro, bem real em si mesmo, ainda que exterior, deve somente se apagar diante de outro, ou se transformar em outro a partir de um acontecimento criador ou transfigurador, não são dois sentidos que [como na alegoria grega] se excluem, como se excluem a aparência e a realidade, ou a "mentira" e a "verdade". Aliás, assim como a aparência ou "a mentira" de que fala o mitólogo grego não corresponde à "letra" ou à "história" do exegeta cristão, a verdade do primeiro não corresponde, mesmo de *um ponto de vista inteiramente formal*, à verdade do segundo [...]. Bem longe, então, de constituir o análogo, mesmo que aproximativo, das duplas gregas às quais podemos ser tentados a assimilá-las, as duplas cristãs constituem sua *antítese*. (op. cit., t.II, p.517; o grifo é meu)

A alegoria pagã depende, é verdade, do simbolismo lexical. Mas isso não prova de modo algum a originalidade da alegoria cristã: ela não é a única a depender do simbolismo proposicional, o qual é perfeitamente familiar ao mundo antigo, e não somente na prática, o que é óbvio, mas também na teoria (assim ocorre com a teoria do signo em Aristóteles e os estoi-

---

9 Auerbach, Typological symbolism in medieval literature. In: _____, *Gesammelte Aufsätze zur romanischen Philologie*, p.111. *Cf.* também seu estudo Fugura, In: _____, *Gesammelte Aufsätze zur romanischen Philologie*, p.55-92.

cos, ou com certas figuras de pensamento, como o exemplo, nos retóricos). A diferença, se existe, deve ser buscada num nível mais específico.

Tipologia

Voltemos rapidamente – para delimitar a questão – à subdivisão do sentido espiritual em três espécies.

O sentido moral é aquele que coloca menos problemas (quanto à sua identificação). Parece – se nos enganamos – com a forma de pensamento que Aristóteles descreve sob o nome de *exemplo*[10] – e isso até em seus próprios exemplos: tal ação do passado (da História Santa) deve ser posta em paralelo com ações presentes, e servir de guia para os contemporâneos em seu trabalho de interpretação. Aristóteles distingue duas espécies: exemplos históricos e exemplos não históricos (atemporais) que podem ser, por sua vez, parábolas ou fábulas. Eis um exemplo histórico: a guerra que os tebanos fizeram contra os fócios[11] foi um mal; segue-se que os atenienses não deveriam declarar guerra contra os tebanos se desejassem evitar o mal.

---

10 Mas que não tem o sentido que dei a essa palavra na seção precedente, p.86, porque, seguindo Lessing, qualificava com isso a passagem do particular ao geral, enquanto Aristóteles visa, no *exemplo*, à evocação de um particular por outro, para o qual reservava, de minha parte, a nomenclatura de *alegoria*... É impossível escapar às acrobacias terminológicas nesse campo, de tanto que os mesmos termos foram empregados em sentidos diferentes.

11 Habitantes da Fócia, na região da Grécia central. Ela abriga o monte Parnaso e a cidade de Delfos, conhecida por seu famoso oráculo. (N. T.)

Simbolismo e interpretação

Esses dois casos particulares são ligados por uma propriedade geral: tebanos e fócios, assim como tebanos e atenienses, são vizinhos (*Primeiros analíticos*, 69a). E eis um exemplo não histórico: "Os magistrados não devem ser sorteados: de fato, é como se escolhêssemos os atletas por sorteio, e não aqueles que têm aptidões físicas para concorrer" (*Retórica* II, 1393b). Não há aqui nenhuma diferença formal entre a Antiguidade e o cristianismo: do ponto de vista da teoria alegórica, a guerra dos tebanos do exemplo de Aristóteles equivale àquela dos filhos de Israel.

Ainda é preciso caracterizar a *tipologia*, pois de fato é nela que pensamos habitualmente ao falar de alegoria cristã. Eis como a tipologia é descrita em Santo Agostinho, cuja obra contém em germe a doutrina dos quatro sentidos. O princípio é assim enunciado na *Catéchèse des débutants* [Catequese dos iniciantes], III, 6: "Tudo o que lemos nas Sagradas Escrituras só foi escrito antes da vinda do Senhor para esclarecer essa vinda e prefigurar a Igreja a advir, isto é, o povo de Deus por entre todas as nações".

O mesmo texto apresenta alguns exemplos de exegese tipológica:

> Nesse povo [o de Abraão] certamente foi figurada, com uma clareza muito maior, a Igreja do futuro (XIX, 33). [Ou ainda:] Tudo isso [tudo o que ocorre com esse povo] era a figura de mistérios espirituais relativos a Cristo e à sua Igreja, da qual esses justos eram membros, se bem que tenham vivido antes do nascimento carnal de Cristo, Nosso Senhor (Ibid.). [E também:] Pelo símbolo do dilúvio, do qual os justos escaparam graças à madeira da arca, era anunciada previamente a Igreja vindoura, que

seu rei, Cristo Deus, pelo mistério de sua cruz, manteve acima das vagas que inundavam esse mundo. (XIX, 32)

O povo judeu prefigura a Igreja, assim como o dilúvio anuncia seu acontecimento: essas são interpretações tipológicas caracterizadas. Notemos que, aqui como em outros lugares, Agostinho não inventa: a tipologia já é praticada por São Paulo, de quem todos esses exemplos são retomados.

Em que consiste exatamente a *tipologia*? Poderíamos enumerar assim seus traços, segundo os historiadores da teologia, indo do mais geral ao mais específico:

1. Ela concerne ao simbolismo *proposicional*.
2. Ela participa da *interseção* de propriedades, e não da exclusão ou da inclusão; nesse sentido, ela diz respeito ao exemplo aristotélico (disso que chamei de alegoria).
3. Os dois fatos que a constituem pertencem ao passado, são fatos *históricos*. Entretanto, isso ainda não basta para caracterizar a tipologia; de fato, nas histórias da exegese cita-se uma frase de Plutarco (*De Fortuna Alexandri*, 10), segundo a qual o verso de Homero, "ao mesmo tempo bom rei e excelente guerreiro", não louva apenas a Agamenon, mas também prevê a grandeza de Alexandre;[12] ora, esse é um *exemplo histórico*, semelhante àqueles de Aristóteles, mas não uma tipologia, pois os acontecimentos se repetem sem que um seja a consumação do outro.

---

12 Citado por Goppelt, *Typos. Die typologische Deutung des Alten Testaments in Neuen*, p.20. Esse livro contém um estudo luminoso dos problemas da tipologia.

4. Somente uma relação particular entre os dois fatos permite falar de tipologia dentro dos exemplos históricos. E essa relação não figura nos catálogos retóricos: é a da *consumação*. É preciso que haja uma gradação entre os dois fatos em favor do segundo: o primeiro anuncia o segundo, o segundo completa o primeiro. Como já vimos, colocá-los no mesmo plano, na ótica cristã, seria uma heresia.

5. A restrição seguinte seria de puro conteúdo: conviremos chamar de tipologia *cristã* aquela que se realiza no quadro dessa ideologia particular. Essa restrição se impõe devido ao fato de que existe uma tipologia não cristã, como Goppelt mostrou.

6. Por fim, no âmago da tipologia cristã, isolaremos a tipologia *testamentária*, segundo a qual os acontecimentos do Antigo Testamento anunciam aqueles relatados pelo Novo Testamento. É a isso que se refere o "segundo" sentido (na teoria do sentido quádruplo), que distinguimos anteriormente como "tipologia". Essa nova restrição é necessária por causa do quarto sentido, o anagógico, que compartilha certas propriedades da tipologia, sem ser uma tipologia testamentária. O sentido anagógico concerne à escatologia: a partir de uma série em que o Antigo e o Novo Testamentos se confundem, deduz-se outra, a advir (o fim do mundo). A diferença é dupla: trata-se de uma profecia, e não de uma interpretação do passado; e nenhum texto desempenha aqui o papel que o Novo Testamento tem em relação ao Antigo na tipologia testamentária.

Se déssemos uma definição de "tipologia" que não a ligasse somente à doutrina cristã, poderíamos observar em outros lugares o mesmo "exemplo histórico de consumação". Sem seguir esse caminho, eu sugeriria que há muitas "tipologias" nessa grande estratégia interpretativa de nosso tempo que é a psicanálise. Os dois acontecimentos situam-se não na história da humanidade, mas naquela do indivíduo; também é verdade que o fato recente (por exemplo, os sintomas neuróticos) é percebido como "consumação" de um ato antigo (o trauma infantil) que, por sua vez, anuncia o outro.

Funções próprias do simbólico

Tendo sido descoberta a função simbólica, depois delimitada e em seguida ligada a um sentido segundo, e essa última operação tendo sido apoiada por provas, resta a pergunta: *por que se tinha necessidade de outra expressão que não a expressão direta* (por signos)? Quais funções a expressão simbólica é capaz de assumir, além daquelas que a expressão não simbólica assume?

Colocaremos a questão assim: quais *podem* ser, em todos os casos, as funções da expressão simbólica? Inicialmente distinguiremos duas que, por facilidade, chamaremos de "interna" e "externa". Primeiro caso: a razão do simbólico reside na própria relação entre simbolizante e simbolizado; a expressão simbólica está presente visto que *não podia deixar* de estar. Segundo caso: a razão do simbólico reside na relação entre o símbolo e seus usuários, produtores ou consumidores; *podendo* escolher entre usá-los ou não, eles *preferiram* fazê-lo por causa das vantagens suplementares oferecidas: a razão do símbolo reside então em seus efeitos.

Simbolismo e interpretação

Funções internas

A primeira análise é pouco frequente na Antiguidade; apesar disso, encontramos formulações isoladas. Usa-se o símbolo, dir-se-ia então, porque se fala de coisas inefáveis a partir dos signos, tal como a divindade. Por exemplo, Estrabão, *Geographica*, X, 39: "Velar de mistério as coisas sagradas é servir ao prestígio da divindade, pois é imitar sua natureza, que escapa aos nossos sentidos". Orígenes: "Há matérias cuja significação não pode ser exposta como convém por absolutamente nenhuma palavra da linguagem humana" (IV, 3, 5). Ou Clemente, *Stromateis* [Miscelâneas], 4, 21, 4: "Todos aqueles que trataram da divindade, tanto os bárbaros como os gregos, escamotearam os princípios das coisas, transmitiram a verdade por meio de enigmas, de símbolos, depois de alegorias, de metáforas e de outros procedimentos análogos, tais como os oráculos dos gregos; e Apolo é chamado de 'oblíquo". Encontramos formulações semelhantes em Máximo de Tiro, no imperador Juliano ou bem mais tarde em Dante (cf. Pépin, *Mythe et allégorie*, p.268-71). Santo Agostinho, de quem poderíamos encontrar frases que concedem à expressão simbólica todos os tipos de funções, mas que, entretanto, tem suas preferências, evoca por meio de uma alegoria a diferença entre os dois tipos de expressão e, portanto, a necessidade dessas narrativas de conteúdo simbólico que povoam a Bíblia (a comparação será amiúde retomada e explicitada depois dele, especialmente por Hugues de Saint-Victor, em seu *Didascalion*):

> Assim como numa cítara, ou nos instrumentos de mesma espécie, nem tudo o que tocamos oferece um som, e somente as

cordas o fazem – apesar de que as outras partes foram fabricadas e ajustadas com vistas a prender e tensionar essas cordas, das quais o músico tirará, ao tocá-las, uma doce harmonia – também nas narrativas proféticas, tudo o que o espírito do profeta escolheu dentre as ações humanas oferece alguma relação com o futuro ou se acha introduzido no texto com vistas a unir e tornar sonoras, de alguma forma, as partes que contêm o anúncio dos acontecimentos futuros. (*C. Faust.* 22, 94)

Vemos que mesmo aqui há uma contiguidade imediata entre a narrativa alegórica e o ensino direto, entre recurso aos símbolos e aos signos. Santo Agostinho pena para reservar aos símbolos um papel irredutível, inacessível aos signos – como o exigirá a ortodoxia moderna.

Funções externas

A atitude usual na Antiguidade consistia então em atribuir à expressão simbólica aquilo que chamamos de uma função externa, que justifica sua presença apenas pelos *efeitos* que produz sobre os usuários. Essa função global foi posteriormente nuançada e subdividida, segundo as diferentes escolas e tendências exegéticas.

A variante mais próxima da função interna é aquela apresentada por Maimônides no *Guide des égarés* [Guia dos perplexos]. A natureza da revelação contida nos livros santos é tal que não é possível dizê-la aos homens diretamente: ela os cegaria e eles não a compreenderiam.

A finalidade divina [...] fez que as verdades que têm particularmente por objeto fazer os homens compreenderem Deus

Simbolismo e interpretação

fossem veladas ao comum dos homens. [...] Devido à gravidade e à importância dessa coisa, e porque nossa faculdade é insuficiente para compreender o mais grave dos assuntos em toda a sua realidade, escolheu-se, para nos falar sobre os assuntos profundos que a sabedoria divina julgava necessário nos contar, as alegorias, os enigmas e as palavras extremamente obscuras.[13]

A expressão alegórica é determinada pelo fato de que os homens não podem compreender de outra maneira as revelações dessa gravidade: a função interna parece aqui estar inserida numa função externa.

Santo Agostinho enumera muitas variedades da função externa: os autores dos Livros santos "exprimiram-se com uma útil e salutar obscuridade com vistas a exercer e de alguma forma polir o espírito dos leitores, romper o tédio e aguçar o zelo daqueles que desejam estudá-los, e esconder essas passagens do espírito dos ímpios..." (*DC*, IV, VIII, 22). Podemos aqui distinguir três razões: a primeira (que não é frequente em Agostinho) é que a expressão simbólica protege a palavra divina do contato dos ímpios; a obscuridade desempenha então um papel *seletivo*, permitindo afastar e neutralizar os não iniciados. As duas outras razões, mais frequentemente invocadas, em certas vertentes caminham em sentidos opostos.

Uma delas, por exemplo, deseja que a expressão simbólica seja mais difícil que a não simbólica, adicionando assim um *trabalho* educativo à sua mensagem cognitiva. É o que já escrevia Clemente de Alexandria: "Por muitos motivos, a Santa Escritura esconde então o verdadeiro sentido daquilo que diz,

---

13 *Le Guide des égarés*, p.10-2.

em primeiro lugar a fim de que sejamos zelosos e hábeis para procurar, que estejamos sempre despertos para encontrar as palavras do Senhor" (*Stromateis*, VI, 15, 126, 1).

Santo Agostinho abordará nesse sentido: "A própria obscuridade das palavras divinas e salutares era destinada a se impregnar de tal eloquência. Pois nossa inteligência deveria delas retirar proveito, não somente por suas descobertas, mas por seus exercícios" (*DC*, IV, VI, 9).

E prossegue: "Com vistas a nos exercitar, a palavra divina nos apresentou não ideias imediatamente acessíveis, mas mistérios a escrutar no segredo e a arrancar do segredo; ela nos obriga, assim, a uma pesquisa mais zelosa" (*De Trin.*, XV, 17, 27).

Essa dificuldade, longe de ser causa de desprazer, atrai os espíritos fortes e os salva do tédio da expressão direta; o orgulho é, ao mesmo tempo, domado e lisonjeado. "Tudo isso, eu não duvido, foi divina e previamente disposto para domar o orgulho por meio do trabalho e salvar do desgosto a inteligência daqueles para quem as pesquisas fáceis, na maior parte do tempo, não têm interesse" (*DC*, II, VI, 7). Assim, somos levados imperceptivelmente a uma razão aparentemente oposta à precedente: a expressão simbólica é preferível porque é mais *agradável*. Ocorre que a dificuldade, para Santo Agostinho, é fonte de prazer:

> Ninguém contesta que aprendemos de bom grado todas as coisas com o auxílio da comparação, e descobrimos com maior prazer as coisas quando as buscamos com certa dificuldade. De fato, os homens que não encontram rapidamente aquilo que buscam são trabalhados pela fome; por outro lado, aqueles que o têm em mãos amiúde definham de desgosto. (*DC*, II, VI, 8)

Simbolismo e interpretação

Qual é o motivo exato dessa solidariedade entre obstáculos e prazer que lembra as satisfações de um espectador de *strip-tease*?[14] Santo Agostinho declara não sabê-lo; mas é óbvio seu prazer na manipulação de enunciados cuja natureza alegórica nem sempre é evidente para nós. Que se julgue essa afirmação pelo exemplo, um pouco longo, a seguir:

> Como acontece, eu pergunto, se dizemos: "Há homens santos e perfeitos. Graças à sua vida e costumes, a Igreja de Cristo arrebata de todas as superstições aqueles que vêm a ela e os incorpora, de certa maneira, se eles imitam os bons. Esses justos que descarregam o peso do século, como fiéis e verdadeiros servidores do Senhor, vieram ao banho sagrado do Batismo e de lá se ergueram, sob a ação fecundadora do Espírito Santo, produzindo o fruto do duplo amor, isto é, do amor de Deus e do amor ao próximo". Sim, como acontece, se dizemos isso, que *encantamos* menos o auditor do que se expusermos a ele, sempre expressando as mesmas ideias, esta passagem do Cântico dos Cânticos em que foi dito à Igreja, louvando-a como a uma bela mulher: "Teus dentes são como um rebanho de ovelhas tosquiadas que voltam do banho; todas com dois cordeirinhos gêmeos e nenhuma delas é estéril" (*Ct* IV,2)? Será que o homem aprende aí uma coisa diferente do que entendia há pouco, expressa em termos bem simples, mas sem o apoio dessa comparação? Apesar disso, não sei como, contemplo os santos com maior encantamento quando os imagino como os dentes da Igreja que arrancam os homens do erro e, depois de tê-los mastigado e triturado, a fim de amolecer sua dureza, introduzem-nos no corpo da Igreja. Também me é muito prazeroso reconhecer as ovelhas tosquiadas. Elas deixaram sua

---
14 Cf. Todorov, *Théories du symbole*, cap.2.

lã como se fossem os fardos desse mundo e, voltando do banho, pariram dois gêmeos, isto é, os dois preceitos do amor. E não vejo nenhuma delas infecunda, nesse santo fruto. (*DC*, II, VI, 7)

Qualquer que seja a articulação da dificuldade com o prazer, é esse tipo de razões que justifica, aos olhos de Santo Agostinho, assim como de toda exegese patrística, a expressão simbólica e, portanto, também o trabalho de interpretação. Ao falar por símbolos, não se diz coisa diferente que em sua ausência; a vantagem situa-se na ação que se exerce no espírito do receptor.

Quais julgamentos sobre o simbólico?

Ambiguidade no julgamento

Sendo a atividade simbólica e interpretativa o que é, que apreciação faremos sobre ela? Acabamos de ver que, por razões que lhe são difíceis nomear, Agostinho é muito ligado ao próprio trabalho de interpretação; no entanto, certa ambiguidade se deixa observar nos julgamentos que ele faz sobre os resultados respectivos da interpretação (sentido alegórico) e da compreensão (sentido literal). Ambiguidade que ele tenta dominar por meio de um alerta simétrico contra os excessos em cada uma das direções: "Do mesmo modo que seguir a letra e tomar os signos como as realidades que eles significam é uma fraqueza servil, também interpretar inutilmente os signos é sinal de um erro desagradavelmente ocioso" (*DC*, III, IX, 13).

Se há ambiguidade (mas não contradição), é porque os princípios que ditam os julgamentos concernindo um e outro sentido têm fontes diferentes.

Simbolismo e interpretação

De um lado, por razões inerentes à concepção tradicional da linguagem, tal como encarnada principalmente pela retórica pós-Cícero, preferem-se as ideias (as coisas) às palavras e, portanto, dentre as palavras, preferem-se as menos transparentes, as que dão mais diretamente acesso ao pensamento. Ora, as metáforas e as alegorias atraem os olhares para si próprias – são, então, condenáveis. "O desejo escrupuloso de ser claro leva por vezes a fazer pouco caso das palavras mais elegantes, a não cuidar da elaboração de frases harmoniosas e mais a se preocupar em esclarecer e em dar a conhecer a verdade que se deseja mostrar" (DC, IV, X, 24). A elegância das expressões indiretas pesa pouco, diante da transparência dos signos diretos; é também por isso que instruir é superior a tocar, e mais ainda a agradar; então o estilo simples (desprovido de metáforas e de outras expressões indiretas) é preferível aos outros (cf. DC, IV, XII, 28 e XXV, 55).

Preferir o significado ao significante leva, por outro lado, a colocar o sentido espiritual acima do sentido literal. Às razões gerais que ditam essa preferência adicionam-se considerações puramente cristãs, pois o sentido espiritual, seu nome já o diz, comunga com o espírito, enquanto o sentido literal se encontra banido do lado da carne, do material recusado. É o que diz explicitamente Santo Agostinho:

> Entender um termo figurado como se tivesse sido dito no sentido próprio é pensar carnalmente. Ora, não há para a alma morte mais justamente nomeada que submeter à carne, seguindo a letra, aquilo que a coloca acima dos animais, quero dizer, a inteligência. De fato, o homem que segue a letra tem como próprias as expressões figuradas e não liga o sentido de um termo próprio a outra significação. (DC, III, V, 9)

Pode-se ver: entre os dois julgamentos de valor, trata-se mais de uma disparidade que de uma contradição. A expressão literal de um sentido espiritual está no cume da hierarquia; em seguida vem o sentido espiritual da expressão alegórica e, somente no fim, o sentido literal (e carnal) dessa mesma expressão.

Limitar a pululação dos sentidos

Uma olhada na tradição cristã da exegese bíblica permitirá amplificar e precisar a significação dessa ambiguidade; com efeito, nem todos compartilham o entusiasmo de Santo Agostinho pela interpretação. Duas tendências se confrontam – mais uma vez, sem se contradizer diretamente.

A primeira pertence a qualquer estratégia interpretativa e consiste em frear a pululação dos sentidos, em buscar um sentido preferível aos outros. A própria natureza da produção simbólica e de sua contrapartida, a interpretação, explicam essa primeira tendência. Simbolizar nada mais é que associar sentidos; ora, para associar duas entidades, basta predicar-lhes uma propriedade comum (e teremos uma metáfora) ou de predicá-las a um mesmo assunto (como na metonímia); mas será que há somente duas entidades para as quais uma ou outra operação seja praticável? Nada é mais fácil que simbolizar e interpretar, e nada é mais arbitrário que uma motivação. Uma estratégia interpretativa não busca então jamais abrir vias que, sem ela, o espírito não saberia praticar, mas sempre e somente impor restrições, valorizar certas associações semânticas, excluindo outras. *A estratégia interpretativa procede por subtração, não por adição*, ou, para dizer como Leonardo, *per via di levare* e não *per via di porre*: tanto por indícios obrigatórios que desencadeiam sozinhos a

Simbolismo e interpretação

interpretação quanto por restrições que pesam seja sobre os segmentos interpretados, seja sobre a motivação, seja sobre a natureza do novo sentido etc.

Por esse motivo encontraremos, tanto dentro da tradição cristã quanto em qualquer tipo de exegese, defensores do sentido único e literal, detratores da polivalência simbólica. Temos um antigo testemunho em Tertúlio, que se opõe à interpretação alegórica em nome do princípio de identidade: "Qual é, eu pergunto, a razão dessa transposição de sentido? [...] Pois tu não podes atribuir [a uma coisa] duas naturezas juntas, corporal e incorporal" (*Ad nationes*, II, 12). Ou ainda em Lactâncio:

> Tudo o que ocorre efetivamente, tudo o que está estabelecido por um claro testemunho material, não pode ser convertido em alegoria; o que foi feito não pode não ter sido feito, nem a coisa feita, renegar sua natureza para tomar uma natureza que lhe seja estrangeira. [...] O que ocorreu não pode ser, como já disse, outra coisa que não aquilo que aconteceu, nem pode aquilo que foi de uma vez por todas fixado em sua natureza própria, nos caracteres que só pertencem a ele, se evadir numa essência estrangeira. (*Ad. nat.*, V, 38)

O mesmo apego ao literalismo será encontrado ao longo da história da exegese cristã, apesar de só ter se tornado dominante com a Reforma. "A partir de 1517 e sua ruptura definitiva com a Igreja Romana, Lutero deixa de usar a alegoria e dá ênfase à necessidade 'de um único sentido simples e sólido'" (Grant, op. cit., p.112). Outro exegeta do século XVI, John Colet, chegava a apontar:

Nos escritos do Novo Testamento, exceto onde o Senhor Jesus e seus apóstolos quiseram falar por parábolas – como Cristo faz repetidas vezes nos Evangelhos, e São João de maneira sistemática no Apocalipse –, todo o resto do texto, seja que o Senhor nele ensine abertamente seus discípulos, seja que os apóstolos instruam as Igrejas, tem como significação o sentido que aparece à primeira vista, e jamais se diz alguma coisa para significar outra, e a coisa significada é aquela mesma que foi dita, e o sentido é absolutamente literal... (Ibid., p.122).

O sentido inesgotável da Escritura

É preciso notar desde já que mesmo dentro da tradição cristã há inúmeras exceções a essa regra. São João da Cruz, por exemplo, afirmará o caráter principalmente *inesgotável* do texto bíblico: "Os santos doutores, apesar de todos os seus comentários e todos aqueles que se lhes poderia adicionar, jamais interpretaram a Escritura a fundo: palavras humanas não podem conter aquilo que o Espírito de Deus revela" (*Cântico espiritual*, prefácio). O argumento é aqui tirado da natureza inefável da revelação divina; ele o será, num espírito completamente diferente, de combinatória aritmética, na obra de São Boaventura:

> Naturalmente, a Escritura tem seus quatro sentidos, mas cada um desses possui, da mesma forma, como os quatro seres viventes de Ezequiel, suas quatro faces, entre as quais se reparte o conteúdo variado de seus objetos, tanto que se consegue contar ao todo dezesseis espécies de sentido. [...] Por outro lado, se dividirmos em quatro tempos toda a história da salvação (Natureza, Lei, Profetas, Evangelho), observaremos em cada um desses

tempos três mistérios, o que totaliza doze mistérios essenciais, que correspondem às doze árvores do paraíso. Em cada um desses centros luminosos de inteligência todos os astros se refletem, o que permite ainda multiplicar doze por doze, obtendo assim o número 144, que é o número da Jerusalém celeste... (Lubac, op. cit., t.IV, p.206)

Superioridade do espiritual

Contudo, não são tais exceções místicas ou escolásticas do princípio do literalismo que importam realmente. De modo muito mais fundamental, esse princípio é combatido e finalmente dominado por outro, segundo o qual *o espírito é superior à carne*. Por transposição, é necessário afirmar a existência de um sentido espiritual para fundamentar sua superioridade sobre o sentido carnal ou literal. Não há pensamento mais repetido na hermenêutica cristã que a frase de São Paulo: "A letra mata, o espírito vivifica". Nesse sentido podemos dizer que o cristianismo tem uma necessidade constitutiva do método de interpretação alegórica: se não houvesse alegoria, não haveria Deus (porque seria impossível afirmar a existência de uma realidade espiritual inacessível aos sentidos e, portanto, sempre fruto de interpretação).

Nada revela melhor a superioridade concedida ao sentido espiritual sobre o sentido literal que as comparações que os caracterizam. "Jesus muda a água da letra no vinho do espírito" (Lubac, op. cit., t.I, p.344). Richard de Saint-Victor compara "a história à madeira, e a alegoria ou sentido místico ao ouro" (Ibid., t.II, p.512). Segundo Santo Agostinho, a Escritura é como "um arado do qual se pode dizer que ele inteiro labora o solo, se bem que falando propriamente, somente o ferro penetre nele" (Ibid., t.IV, p.97); e esse "ferro" corresponde ao sentido espiritual.

Habitualmente, essas comparações não se contentam em afirmar a superioridade do espírito sobre a letra, mas buscam também fundamentá-la na oposição entre *interior* e *exterior*. A alegoria é o leite que é necessário tirar da letra (Ibid., t.IV, p.183). A exegese "descobre o espírito como o sol sob as nuvens, como o caroço sob a casca, como o grão sob a palha" (Ibid., t.I, p.308). Ou ainda o mel na cera, a noz na casca (Ibid. t.II, p.603). "Para São Cirilo de Alexandria, a Escritura era um jardim cheio de flores delicadas: a essas flores do sentido espiritual, o envelope protetor das folhas era necessário" (Ibid., t.IV, p.97). Não estamos distantes da metáfora do hábito e do corpo que domina as teorias da própria metáfora ao longo da história ocidental.[15] O sentido literal é um envelope: o sentido espiritual é a própria coisa.

Para resumir: em que pese uma tendência – natural a qualquer estratégia – à restrição, a exegese patrística deve postular a existência de um sentido outro que não o literal. Mas essa ultrapassagem do literal é rapidamente retomada e canalizada na doutrina dos quatro sentidos, que no fundo se reduz, como já dizia São Tomás, a uma afirmação da superioridade do sentido espiritual. É isso que expressa, no modo litótico, uma fórmula de H. de Lubac, evocando "a polivalência orientada do símbolo" (t.IV, p.180) na hermenêutica cristã.

---

15 Cf. *Théories du symbole*, cap.II.

Uma interpretação operacional: a exegese filológica

Meu segundo exemplo de estratégia interpretativa é simultaneamente próximo e afastado do precedente. Afastado, pois se trata de uma ciência respeitável e moderna, a filologia, e não de um ponto de vista exegético que hoje em dia parece inteiramente devedor de uma ideologia limitada no tempo. Mas também próximo, ainda que materialmente, dado que buscaremos apreender essa nova estratégia no momento em que ela vem influenciar, e de maneira decisiva, a interpretação ainda da Bíblia. De fato, observaremos os princípios da nova ciência filológica num autor revolucionário em matéria de exegese bíblica: Espinosa, no *Tratado teológico-político*.[1]

---

1 Espinosa, *Traité théologico-politique*. A primeira edição data de 1670. Indico em algarismos romanos o capítulo e em numeração árabica a página da edição francesa.

A alternativa fé ou razão

O novo método de interpretação defendido por Espinosa funda-se numa separação entre fé e razão, que ele qualifica de "finalidade principal a que tende qualquer obra" (XIV, p.240). Mais explicitamente, ele quer provar que

> a Escritura deixa a razão inteiramente livre e nada tem em comum com a filosofia, mas ambas se mantêm por uma força que lhes é própria. [...] Esses dois conhecimentos nada têm em comum, mas podem, um e outro, ocupar seu campo próprio sem se combater de forma alguma e sem que nenhum dos dois deva ser o servo do outro. (Prefácio, p.25, 26)

Como essa *separação* se torna a base do novo método de exegese, devo apresentá-la brevemente.

Dois tipos de discurso

A argumentação de Espinosa desenvolve-se aproximadamente como segue. Podemos ensinar uma ideia de duas maneiras: dirigindo-nos unicamente à razão ou fazendo apelo à experiência. A primeira maneira só é praticável com pessoas muito cultivadas e de espírito claro. Estas são raras; portanto, se devemos nos dirigir à multidão, é preferível fazer recurso à experiência. (V, p.109-10). Ora, a Escritura dirige-se justamente a todo mundo e "todo o seu conteúdo foi adaptado à compreensão e às opiniões preconcebidas do vulgar" (XV, p.249). Mas em que consiste esse recurso à "experiência"? É que a Escritura expõe a doutrina sob a forma de narrativa, e não

Simbolismo e interpretação

de definições e de deduções. "Esses ensinamentos, a Escritura os estabelece apenas pela experiência, isto é, pelas histórias que ela conta" (V, p.110).

Há então duas espécies de discursos, que diferem ao mesmo tempo por sua estrutura (um é dedutivo, o outro, narrativo) e por sua função: um serve para dar a conhecer a verdade, o outro para agir (dado que a função primeira dessas histórias não pode ser a de transmitir a verdade: elas o fazem de maneira indireta e imprecisa). Quanto a ela, a Escritura só é feita deste último discurso; disso decorre que seu conteúdo nocional é fraco, mas sua força de persuasão, grande. "De tudo isso se segue que a doutrina da Escritura não é uma filosofia, não contém altas especulações, mas somente verdades muito simples que são facilmente apreendidas pelo espírito mais preguiçoso" (XIII, p.230). Um passo a mais consistirá em dizer que um dos discursos está nos limites de uma função representativa, enquanto o outro (o da Bíblia) se exaure na ação que ele exerce:

> O vulgar deve conhecer somente as histórias que podem emocionar mais as almas e dispô-las à obediência e à devoção (V, p.11). O objeto da Escritura não foi ensinar as ciências; pois podemos concluir com facilidade que ela exige dos homens somente a obediência e condena apenas a insubmissão, não a ignorância. (XIII, p.230)

Um dos discursos diz respeito à dupla *ignorância-conhecimento*, o outro à díade *submissão-insubmissão*.

Talvez se tenha notado o deslizamento graças ao qual Espinosa chega a essa conclusão. Para estabelecer sua distinção do início, ele havia admitido que os dois discursos poderiam servir para transmitir a verdade, mas que um convinha apenas aos espíritos cultivados, enquanto o outro era bom para os incultos. Mas agora somente um discurso é admitido para transmitir a verdade e reserva-se o outro para a ação sobre o destinatário, sob o pretexto de que não seria possível inculcar a ciência aos incultos. Será que se trata de dois modos de formulação da verdade ou será a oposição entre verdade e fé? Talvez seja a prudência de Espinosa que o impeça de assumir inteiramente a segunda interpretação de sua dicotomia. Se a aceitamos, no entanto, nos apercebemos de que duas séries homogêneas se encontram elaboradas — e sua articulação está presente em nosso discurso atual: de um lado, a verdade, o conhecimento, a razão, a filosofia, as ciências; de outro, a fé, a ação sobre o destinatário e, como dizemos em nossos dias, a ideologia. Esses dois discursos recebem, de algum modo, definições formais: é *científico* o discurso em que a função representativa domina a função impressiva (se assim podemos nomear aquela relativa ao destinatário); inversamente, é *ideológico* aquele em que a função impressiva é dominante.

Os perigos da confusão

O que conta para Espinosa é a separação dos dois campos e sua aparente simetria:

> Temos como solidamente estabelecido que nem a Teologia deve ser serva da Razão, nem a Razão deve sê-lo da Teologia, mas que ambas têm seu reino próprio: a Razão, como dissemos, o da verdade e o da sabedoria; a Teologia, o da Caridade e o da obediência. (XV, p.254)

Simbolismo e interpretação

Daí se passa diretamente à interpretação das Escrituras e deduz-se um primeiro princípio, que é somente uma aplicação da dicotomia de base: tanto não se deve submeter a Escritura à razão quanto, inversamente, não se deve submeter a razão à Escritura.

Uma personagem histórica ilustra cada um desses perigos simétricos.

Aquele que dobrava a *Razão à escritura* chamava-se Alfakar (ou Alpakhar) e foi um dos adversários de Maimônides. "Ele defende que a Razão deveria inclinar-se diante da Escritura e lhe ser inteiramente submissa" (XV, p.250). Mais exatamente, se uma passagem da Bíblia contradiz outra mais clara, isso basta para decidir que a primeira é metafórica e que, portanto, deve ser submetida a uma interpretação, mesmo que a Razão não indique nenhum indício de metaforicidade. Assim ocorre com as passagens em que se fala de Deus no plural: "Por essa razão, isto é, não porque essa pluralidade contradiz a Razão, mas porque a Escritura afirma diretamente a unicidade, há lugar para compreender essas passagens como metáforas" (Ibid.). O que Espinosa reprova a Alfakar não é o fato de confrontar duas passagens da Bíblia, mas sim que, uma vez terminada a leitura, ele se recusa a se servir da razão para formular julgamentos; que mesmo num campo que concerne à Razão e não mais à Escritura, o lugar dominante desta continua a ser mantido. "É sem dúvida verdade que se deve explicar a Escritura pela Escritura tanto tempo quanto necessário para descobrir o sentido dos textos e o pensamento dos Profetas, mas uma vez que tenhamos descoberto o verdadeiro sentido, precisamos necessariamente usar o julgamento e a Razão para dar a esse pensamento nossa anuência" (XV, p.251).

Os dois campos devem ser mantidos rigorosamente separados. Podemos nos perguntar se o próprio Espinosa consegue fazer isso, ele que escreve:

> Assim ocorre com inúmeras afirmações conformes às opiniões dos Profetas e do vulgo, e das quais somente a Razão e a Filosofia, não a Escritura, dão a conhecer a falsidade; no entanto, todas elas deveriam ser supostas como verdadeiras, segundo a opinião desse autor, dado que nessa matéria não se leva em conta a opinião da Razão. (XV, p.253)

Será que o próprio Espinosa não abraça demais a "opinião da Razão"? Isso ocorre porque ele mudou de campo: a questão do *sentido* de um texto deve ser estritamente separada daquela de sua *verdade* (ainda veremos isso); somente esta última tem a ver com a Razão, por conseguinte, não se tem o direito de lançar mão dela para estabelecer o sentido. Alfakar estabelecia uma falsidade, nela deduzia a existência de uma metáfora e mudava o sentido do enunciado examinado; é nessa transição que reside seu erro.

O representante do perigo oposto é o próprio Maimônides.

> Segundo ele [...] somente podemos saber o verdadeiro sentido de qualquer passagem na medida em que sabemos que ele nada contém, tal como o interpretamos, que não se harmonize com a Razão ou que a contradiga. Se acontecer de ele, tomado em seu sentido literal, assumir posição contrária à Razão, por mais claro que pareça, é preciso interpretar de outra forma. (VII, p.154)

Maimônides procede exatamente como o fazia a exegese patrística; a única diferença é que, no lugar da "doutrina cris-

Simbolismo e interpretação

tã", encontramos a "Razão"; a "inverossimilhança doutrinal" é, tanto aqui quanto acolá, indício de alegoria e, portanto, desencadeadora de interpretação. O pressuposto não formulado dessa prática é que *as Escrituras não podem não dizer a verdade*.

As objeções de Espinosa são paralelas àquelas que ele dirigia a Alfakar, os dois erros se reduzindo, de fato, a um só, a confusão daquilo que deveria ser separado; mas sua argumentação é mais detalhada. Ao submeter a Escritura à Razão, Maimônides admite implicitamente que o objeto da Escritura é a verdade e, por conseguinte, que ela se dirige somente aos espíritos cultivados. "Se a maneira de ver de Maimônides fosse a verdadeira, o vulgo – que frequentemente ignora as demonstrações, ou é incapaz de se dedicar a isso – só deveria poder admitir, a respeito da Escritura, aquilo que fosse dito pela autoridade ou pelo testemunho dos homens que filosofam" (VII, p.155). Ora, todos concordariam em dizer que a Escritura se dirige ao comum e, que, por conseguinte, escapa ao controle da Razão. "O que é indemonstrável, e é a maior parte da Escritura, não poderemos conhecer pela Razão" (VII, p.156-7). Não seria então absurdo arrastar a Razão para um terreno que não é o seu?

O sentido, não a verdade

A distinção exegética sobre a qual repousam essas separações é a do sentido e da verdade, e Espinosa a formula com muita clareza:

> Tratamos aqui do sentido dos textos e não de sua verdade. É preciso antes de tudo tomar cuidado, quando buscamos o sentido

da Escritura, para não ter o espírito preocupado com raciocínios fundamentados em princípios do conhecimento natural (para nem falar dos preconceitos). Com a finalidade de não confundir o sentido de um discurso com a verdade das coisas, será preciso dedicar-se a encontrar o sentido baseando-se unicamente no uso da língua ou em raciocínios que só têm fundamento na Escritura. (VII, p.140-1)

O objetivo da interpretação é o único sentido dos textos, e ela deve atingi-lo sem a ajuda de nenhuma doutrina, verdadeira ou falsa. O que Espinosa exige é uma interpretação sem pressupostos, uma interpretação que seja dirigida somente pelo texto analisado, e não por predisposições arraigadas. O que ele exige é então uma *interpretação científica* e não ideológica. Seu

método abre mão de outra Luz que não a Natural. A natureza e a virtude dessa luz consistem em que ela deduz e conclui por via de legítima consequência as coisas obscuras daquelas que são conhecidas ou daquelas que são dadas como conhecidas; nosso método não exige nada além (VII, p.153).

A hermenêutica antiga postulava a existência de dois tipos de textos: aqueles cujo sentido coincide necessariamente com a verdade (ao lado dos textos sagrados, podemos citar Homero), e aqueles que têm um sentido, mas não necessariamente verdadeiro. Toda a atenção dos teóricos dirigiu-se à primeira classe; a segunda só suscitou técnicas práticas, que jamais se tornaram uma doutrina. A inovação de Espinosa é, aparentemente, mínima: ele abole a separação entre essas duas classes e declara que não existem textos cujo sentido seja necessariamente verdadeiro. Todavia, esse deslocamento tem consequências capitais: dessa forma, não somente se trata a Bíblia como qualquer texto, mas se toma consciência das técnicas tradicionalmente usadas na interpretação dos textos não sagrados e elas são erigidas em programa, assumindo suas implicações ideológicas. Cento e cinquenta anos mais tarde, um teórico do Romantismo, A. W. Schlegel, constatará: "É permitido aplicar ao Gênesis as mesmas regras de interpretação adotadas para tantos outros monumentos de uma Antiguidade longínqua".[2]

Resta perguntar se a separação é sempre tão fácil quanto Espinosa parece admitir, entre a razão universal reduzida a uma pura lógica e as razões particulares que ameaçam manchar de ideologia a interpretação; entre a *razão como método* e a *razão como conteúdo*: se é sempre tão fácil guardar uma, eliminando a outra.

O projeto filológico: a ciência dos sentidos

O ponto de partida da interpretação, tal como concebida por Espinosa, é uma inversão exata do princípio fundamental da exegese patrística. Para esta, o resultado da interpretação era dado previamente (era o texto da doutrina cristã) e a única liberdade permitida estava no caminho que se iria percorrer entre esses dois pontos fixos, o sentido dado e o sentido novo. Espinosa, convencido a respeito de sua separação entre razão e fé, e portanto entre verdade (ainda que religiosa) e sentido (dos livros santos), começa por denunciar essa repartição:

A maior parte (dos intérpretes) coloca como princípio (para entendê-lo claramente e adivinhar o verdadeiro sentido) que a

---

[2] De l'étymologie en général. In : _____, *Œuvres écrites en français*, t.II, p.120..

Escritura é inteiramente verdadeira e divina, mas isso deveria ser a conclusão de um exame severo, não deixando subsistir em si nenhuma obscuridade; aquilo que seu estudo nos demonstraria muito melhor, sem o socorro de nenhuma ficção humana, eles o colocam inicialmente como regra de interpretação. (Prefácio, p.24)

A crítica de Espinosa, aqui como precedentemente, é de estrutura, e não de conteúdo. Trata-se de mudar não a natureza da verdade, mas seu lugar. Longe de poder servir como princípio condutor da interpretação, o sentido novo deve ser seu resultado; não se pode procurar um objeto com a ajuda desse próprio objeto. O estabelecimento do sentido de um texto deve ser realizado independentemente de qualquer referência à verdade desse texto:

> Quando o sentido literal está em contradição com a luz natural, se não se opuser claramente aos princípios e aos dados fundamentais tirados da História crítica da Escritura, deve ser mantido; ao contrário, se essas palavras parecem, por sua interpretação literal, contradizer os princípios tirados da Escritura, ainda que se harmonizassem da melhor forma com a Razão, seria necessário admitir outra interpretação (quero dizer uma interpretação metafórica). (VII, p.141)

Novas restrições

Essa *liberdade que diz respeito ao sentido a ser encontrado* será compensada por *restrições* destinadas a pesar sobre a parte do trabalho interpretativo que a exegese patrística deixava livre, isto

Simbolismo e interpretação

é, sobre o percurso entre os dois sentidos, sobre as operações que permitem a passagem de um ao outro:

> Para ser breve, resumirei esse método dizendo que ele não difere em nada daquele que se segue na interpretação da Natureza, mas que em tudo se harmoniza com ela. Do mesmo modo que o Método na interpretação da natureza consiste essencialmente em considerar a Natureza, em primeiro lugar, na qualidade de historiador e, depois de ter assim os dados corretos, concluir as definições das coisas naturais, também, para interpretar a Escritura, é preciso adquirir um exato conhecimento histórico e, uma vez de posse desse conhecimento, isto é, de dados e de princípios corretos, podemos concluir, por via de legítima consequência, o pensamento dos autores da Escritura. (VII, p.138-9)

A ciência dos textos será assimilada, em seu método, à ciência natural; tanto uma quanto outra procederão, na ausência de qualquer ideia preconcebida, à aplicação de operações rigorosas de verificação e de dedução, chegando assim à única verdade que interessa ao intérprete, a do sentido.

Gramaticais

Mais precisamente, a investigação obedecerá a restrições de três ordens: "Em primeiro lugar, ela deve compreender a natureza e as propriedades da língua na qual foram escritos os livros da Escritura e que seus autores estavam acostumados a falar" (VII, p.140). A primeira exigência é então de tipo linguístico: para compreender um texto é preciso conhecer a *língua* da época. Nenhuma contradição com a "verdade", isto é, com o dogma, nos autorizará a atribuir à palavra um sentido que a língua não atestou num outro ponto de vista. "Se o uso da língua não permitisse atribuir-lhe outro sentido, não haveria nenhum meio de interpretar diferentemente uma frase" (VII, p.141). Isso implica que as palavras têm, no princípio, um único sentido ou que, ao menos, todos os seus sentidos pertencem ao léxico, o que significa que não há possibilidade de produzir metáforas, de usar as palavras num sentido que não é o delas.

Estruturais

A segunda exigência diz respeito à *coerência* do texto. O princípio de que Espinosa parte é o mesmo que reconhecemos na base da exegese patrística: um texto não pode se contradizer, todas as suas partes afirmam a mesma coisa. Espinosa, de sua parte, prevê esse estudo como a constituição de uma série de classes temáticas (paradigmáticas) em que são reunidos segmentos aparentados. "Devem-se agrupar as enunciações contidas em cada livro e reduzi-las a certo número de pontos principais, de modo a encontrar facilmente todas aquelas que se relacionam com o mesmo objeto; notar em seguida todas aquelas que são ambíguas ou obscuras ou em contradição umas com as outras" (VII, p.140). Uma vez estabelecidas as verdades principais, se descerá aos detalhes, deixando-se guiar pelo princípio de que o texto permanece inteiramente coerente consigo próprio. O indício de sentido segundo, desencadeador de interpretação, será em consequência não a inverossimilhança doutrinal, como na exegese patrística, mas a contradição *in praesentia*. "Para saber se Moisés acreditou ou

Simbolismo e interpretação

não verdadeiramente que Deus era um fogo, não se deve tirar conclusão se essa opinião se harmoniza com a Razão ou se a contradiz, mas somente com outras palavras de Moisés" (VII, p.141). Essa exigência de coerência acusa ainda o princípio anteriormente enunciado: é uma nova razão para que a palavra guarde em todos os lugares o mesmo sentido. Se estabelecemos o sentido de uma frase, "é preciso, na interpretação de todas as outras frases, mesmo que elas se harmonizem com a Razão, considerar o sentido daquela" (Ibid.).

Históricas

O terceiro grupo de restrições incide sobre o conhecimento do *contexto histórico*:

> Em terceiro lugar, essa investigação histórica deve trazer a respeito dos livros dos Profetas todas as circunstâncias particulares que chegaram ao nosso conhecimento: compreendo nesse item a vida, os costumes do autor de cada livro, a finalidade a que ele se propunha, qual foi, em que ocasião, em que tempo, para quem, em qual língua ele enfim escreveu. Ela deve também conter os acasos próprios a cada livro: como ele foi coletado na origem, em que mãos caiu, quantas lições diferentes são conhecidas de seu texto, quais homens decidiram admiti-lo nos cânones e, enfim, de que modo todos os livros reconhecidos unanimemente como canônicos foram reunidos num só corpo. (VII, p.142)

As "circunstâncias" ou evidências externas quanto ao sentido de um livro parecem aqui se dividir em três pontos: o objeto livro, o autor e o leitor. O destino do livro decidirá o grau de certeza que podemos sentir quanto ao estabelecimento do texto. Se for preciso conhecer a vida e os costumes do autor, é porque existe um determinismo do homem à obra, e o conhecimento de um facilita o conhecimento do outro. "Podemos explicar muito melhor as palavras de um homem de quem conhecemos bem o gênio próprio e a constituição espiritual" (VII, p.142). O conhecimento do leitor também é importante, pois decide sobre o gênero do livro, escolhido em função da questão: *para quem se escreve?*, e entrega assim uma chave para sua decifração.

A investigação das circunstâncias nunca se torna um fim em si mesma; ela é submetida a um objetivo superior, que é a compreensão do texto, o estabelecimento de seu sentido. Não é o texto que serve para conhecer seu autor, mas o conhecimento sobre o autor que facilita a compreensão do texto. Esse conhecimento é indispensável no caso em que a intenção do autor possa mudar completamente o sentido do texto, tal como num escrito irônico ou que trate do sobrenatural. "Ocorre muito frequentemente que leiamos histórias bem semelhantes em diferentes livros e que as julguemos diversamente por causa da multiplicidade das opiniões que temos sobre os autores". O Rolando de Ariosto, o Perseu de Ovídio e o Sansão da Bíblia massacram, sozinhos, multidões de adversários. Rolando e Élie voam pelos ares, mas esses atos adquirem significações diferentes porque a intenção de cada autor, distinta dos outros, nos obriga a uma interpretação particular. A intenção age como o faria uma indicação da tonalidade na qual um trecho de música deve ser interpretado. "Só nos persuadimos disso em razão da opinião que temos dos autores" (VII, p.151).

Simbolismo e interpretação

O verdadeiro sentido

Todas essas técnicas – linguística, intratextual (ou estrutural), histórica – são necessárias para atingir o objetivo ambicioso da interpretação segundo Espinosa: o estabelecimento do *sentido verdadeiro* (o que é inteiramente diferente, como vimos, de *conforme à verdade*). Ele toma, é claro, algumas precauções: o sentido de um trecho pode ser indecidível caso seja questão de coisas "não perceptíveis" que "ultrapassam os limites da criação humana" (VII, p.152 e Notas marginais, p.341) e que são, portanto, incontroláveis pela razão, ou se as palavras são expressamente empregadas para dizer outra coisa que não aquilo que significam habitualmente ("isso, podemos bem conjecturá-lo, mas não deduzi-lo com certeza dos dados fundamentais da Escritura", VII, p.145). Contudo, em regra geral – é a recompensa que temos ao final de tantas restrições, em oposição com o descontrole operacional da exegese patrística –, o sentido produzido pela interpretação é o único e verdadeiro: "Expusemos assim um modo de interpretar a Escritura e ao mesmo tempo demonstramos que era a única e segura via para chegar a conhecer o verdadeiro sentido" (VII, p.145-6).

Sobre a evolução da filologia

O nome de filologia é habitualmente ligado a atividades semelhantes, por seu projeto, àquelas de Espinosa, mas que somente se institucionalizaram mais tarde. No entanto, a continuidade dos dois procedimentos é notável e explica o uso anacrônico que faço do termo, desde que se compreenda por "filologia" uma abreviação para exegese (ou interpretação) filológica. Essa continuidade se estabelece por uma transmissão real (sendo Richard Simon o intermediário), mas também e sobretudo por uma analogia profunda das posições de princípios. Todavia, continuidade não quer dizer identidade: o método filológico evoluiu ao mesmo tempo que seus pressupostos. É isso que poderemos perceber por meio de um rápido exame de alguns textos do período triunfante da filologia, isto é, o século XIX.[3]

Como no tempo de Espinosa, a filologia se define pela recusa do princípio que funda a exegese patrística – a saber, que o sentido é previamente dado – e por restrições que só pesam sobre as operações. Tendo a polêmica engajada por Espinosa sido vitoriosa, o debate perdeu muito de sua atualidade. Entretanto, Bœckh ainda acha necessário dizer:

> É completamente avesso à história prescrever, na interpretação da Sagrada Escritura, que tudo deve ser explicado segundo a *analogia fidei et doctrinae*; aqui, a medida que deve guiar a explicação não está firmemente estabelecida, pois a doutrina religiosa nascida

---

3 Cito os seguintes textos: Wolf, Darstellung der Altertumwissenschaft nach Begriff, Umfang, Zweck und Wert. In: _____; Buttmann (eds.), *Museum der Altertumswissenschaft*; Ast, *Grundriss der Philologie*; Ast, *Grundriss der Grammatik, Hermeneutik und Kritik*; Bœckh, *Enciclopädie und Methodologie der philologischen Wissenschaften*; Lanson, *Méthodes de l'histoire littéraire* (La Méthode de l'histoire littéraire). A história de Wasch, *Das Verstehen*, t.I, não é muito útil, dado que podemos ter acesso direto aos próprios textos. *Geschichte der Philologie* (1921), de Wilamowitz-Mœllendorf, é uma história do conhecimento da Antiguidade, não do método filológico. Por outro lado, a recente *Einführung in die kiterarische Hermeneutik*, de Peter Szondi, é sob muitos aspectos paralela à pesquisa feita aqui.

da explicação da Escritura tomou formas bastante diferentes. A interpretação histórica deve estabelecer somente o que querem dizer as obras de linguagem, pouco importando que isso seja verdadeiro ou falso. (p.120-1)

O sentido, não a verdade: eis o que está presente no espírito de Espinosa.

O sentido único

Orgulhosa por essa renúncia ao sentido ditado por uma doutrina de referência, a filologia reivindica a *objetividade do sentido* que ela estabelece; este não é mais o sentido pela verdade, mas a verdade do sentido. A partir de Espinosa, essa reivindicação não parou de se amplificar, mas não mudou de natureza. Wolf revolta-se explicitamente contra a tradição religiosa, que valoriza certa pluralidade dos sentidos, a *fecunditas sensus* (ele parece ter em vista opiniões como as de São João da Cruz), e afirma:

> Duas explicações que diriam respeito à mesma passagem, ou dois *sensus*, nunca são possíveis. Cada frase, cada sequência de frases só tem um sentido, mesmo que se possa discutir sobre ele. Ele pode ser incerto, mas para aquele que investiga, há apenas um (*Vorlesungen*, p.282). Por outro lado, é necessário que cada passagem só tenha um *sentido* [...]. Pressupomos certo sentido para qualquer discurso. (Ibid., p.295)

Cem anos mais tarde, transpondo o método filológico para a história das literaturas modernas (evidentemente, ele não é o primeiro a fazê-lo), Lanson coloca ênfases semelhantes: "Há, em todas as obras de literatura, mesmo na poesia, um sentido permanente e comum que todos os leitores devem ser capazes de atingir e que, inicialmente, eles devem se propor a alcançar. [...] Há uma verdade acessível no estudo literário e é isso que a torna nobre e sã" (*Méthodes*, p.41-3).

Se os textos e as frases só têm *um sentido*, o das palavras também tenderá à unicidade, como indicam Ast: "Cada palavra tem uma significação original da qual provêm as outras..." (*Grundriss*, p.14) e Bœckh: "De modo natural, um único sentido se encontra na base de toda forma linguística e é dele que se deduzirão todas as suas diferentes significações" (p.94).

O verdadeiro sentido

Se há somente um sentido, deve ser possível estabelecê-lo *com certeza*, e a diferença entre aqueles que falham e os que conseguem é a do tudo ao nada. De onde certa ênfase, sensível principalmente em Lanson, não somente seguro de ter acesso à verdade, mas também de que ela não se encontra nos outros. Numa página escrita, é preciso encontrar "o que aí está, tudo o que aí está, nada além do que aí está" (*Méthodes*, p.40). Acumulando dessa forma as certezas, a história da literatura esgota progressivamente seu campo de estudos:

> É preciso não ter acompanhado o movimento dos estudos literários nesses últimos anos para deixar de observar que o campo das disputas se estreita, que o campo da ciência feita, do conhecimento incontestado, vai se estendendo e deixando assim menos liberdade, a não ser que escapem pela ignorância aos jogos

Simbolismo e interpretação

dos diletantes e das opiniões preconcebidas dos fanáticos, tanto que se pode sem quimera prever um dia em que, não se entendendo mais sobre as definições, o conteúdo e o sentido das obras, só se disputará sua bondade e malícia, isto é, os qualificativos sentimentais. (*Méthodes*, p.36)

Em oposição ao historiador da literatura, o crítico inventa suas interpretações – forçosamente falsas, dado que só há uma verdadeira. Assim, ele substitui o pensamento do escritor por suas próprias divagações. O *credo* dos historiadores da literatura é oposto: "Desejamos ser esquecidos e que só se veja Montaigne e Rousseau, tais como foram, tais como cada um os verá, se aplicar leal e pacientemente seu espírito aos textos" (*Essais*, p.47). E que não se oponha o crítico que tem ideias ao tarefeiro-filólogo: Lanson retruca, numa frase emblemática: "Também nós queremos as ideias. Mas nós as queremos verdadeiras" (*Essais*, p.53). De bom grado diríamos, em face desse *credo*, que querer as ideias verdadeiras equivale a não querê-las (ou, nos termos de Nietzsche: "Renunciar aos julgamentos falsos seria renunciar à própria vida, equivaleria a negar a vida").

Esse sentido único e cientificamente garantido coincide com *a intenção do autor*. Indica Wolf: "A hermenêutica é a arte de apreender os escritores e, por conseguinte, os pensamentos escritos ou mesmo apenas oralmente expressos de outrem, do mesmo modo que ele próprio os apreendeu" (*Vorlesungen*, p.271). Lanson é mais sutil: mesmo que não haja sentido objetivo de um texto (suposição que ele avança em seus últimos escritos), nem todos os sentidos subjetivos se situam no mesmo plano: "Talvez não fosse exagerado pensar que o sentido do autor é, no entanto, um sentido privilegiado ao qual posso dar uma atenção particular" (*Méthodes*, p.42).

A interpretação servil

As diferenças entre Espinosa e os filólogos só são, até o presente, quantitativas, mas o próprio lugar da técnica filológica, cá e lá, marca uma transformação mais profunda. Lembramo-nos da hierarquia estabelecida em Espinosa: seu objetivo primeiro, que se inscreve numa tradição de exegetas bíblicos, é o estabelecimento do sentido do texto; para tanto, ele usa técnicas auxiliares (linguísticas, estruturais, históricas). Essa hierarquia será derrubada na tradição posterior: *o objetivo principal se torna o conhecimento histórico de uma cultura*, e esta poderá se servir de auxiliares, tais como a interpretação dos textos. De serva da hermenêutica, a filologia passa pouco a pouco à condição de sua senhora.

É interessante observar os diferentes estádios dessa reviravolta. Pode-se situar o ponto de transição em Ast, cujo texto permanece ambíguo nesse quesito; ele submete a interpretação das obras ao conhecimento do espírito. Por sua vez, esse espírito se revela constituído pelas próprias obras!

A filologia é o estudo do mundo clássico na totalidade de sua vida – artística e científica, pública e privada. O centro (*Mittelpunkt*) desse estudo é o espírito da Antiguidade que se reflete do modo mais puro nas obras dos antigos escritores, mas que também deixa seus traços na vida exterior e particular dos povos clássicos; e os dois elementos desse centro são as artes, as ciências

Simbolismo e interpretação

e a vida exterior ou o conteúdo, e a representação e a linguagem ou a forma do mundo clássico. (*Grundriss*, p.1)

As obras são somente o reflexo e os traços do espírito, mas o espírito, por sua vez, é feito de obras: o reflexo nada mais é que o próprio objeto que se reflete.

Em Wolf, a ambiguidade desaparece, o objeto e seu reflexo não são mais idênticos:

> As aquisições separadas que foram mencionadas são, no fundo, somente preparações em vista desta que presentemente se trata, e todas as ideias expostas até aqui convergem para esse fim principal como para um centro. Mas esse fim é só o conhecimento da própria humanidade antiga, por meio da observação de uma formação nacional organicamente desenvolvida e significativa, observação que está condicionada pelo estudo dos vestígios de outrora. (*Darstellung*, p.124-5)

O conhecimento das obras (dos "vestígios") é submetido ao da formação nacional, que por sua vez é somente um meio para conhecer a humanidade antiga.

Também Lanson, quando formula o objetivo da história literária, pode não mais mencionar o fato de que ela visa à interpretação das obras (essa atividade é confiada a uma técnica subalterna, a explicação dos textos):

> Nossa profissão consiste [...] em reter, filtrar, avaliar tudo o que pode concorrer para formar uma representação exata do gênero de um escritor ou da alma de uma época. (*Méthodes*, p.34)

Nossa função superior é conduzir aqueles que leem a reconhecer numa página de Montaigne, numa peça de Corneille, num soneto de Voltaire, momentos da cultura humana europeia ou francesa. (*Essais*, p.33)

A leitura filológica de uma página não visa mais ao estabelecimento de seu sentido; essa página é somente um meio de acesso a um indivíduo, a um tempo, a um lugar. A interpretação dos textos é simplesmente uma das ferramentas postas ao serviço da história das mentalidades.[4]

Métodos de interpretação

As formas da investigação filológica também evoluíram. Wolf assinala, como entre parênteses, que a interpretação pode ser "gramatical, retórica e histórica" (*Darstellung*, p.37); em *Vorlesungen*, ele propõe outra repartição: "*interpretatio grammatica, historica, philosophica*" (p.274). As espécies constantes são então a interpretação gramatical e histórica; a primeira estabelece o sentido das frases em si mesmas. A segunda, aquele dos enunciados, isto é, as frases situadas em seu contexto (é a diferença entre língua e discurso); a diferença é ilustrada pelo exemplo de uma carta encontrada: "Se alguém encontrar na rua uma carta escrita com palavras bem claras, nem por isso

---

[4] Alegar-se-á que o objeto disso a que chamamos filologia sempre foi o conhecimento histórico global, e não a interpretação dos textos; que, portanto, a filologia como tal não mudou. Contudo, tal objeção só deslocaria o problema: por que é precisamente a filologia, e não a hermenêutica, que se constitui nessa época como uma disciplina autônoma e influente?

Simbolismo e interpretação

conseguirá compreendê-la inteiramente, pois não conhece as circunstâncias imediatas que dizem respeito àquele que escreveu a carta ou àquele a quem ela é dirigida" (Ibid., p.294). Ele compreenderá o sentido gramatical (aquele das frases), mas não o sentido histórico (aquele dos enunciados). Quanto à interpretação filosófica, parece ser uma concessão feita por Wolf às interpretações do tipo exegese patrística. "Depois que o sentido foi desenvolvido gramatical e historicamente, posso perguntar-me: como essa ideia se conforma à verdade?" (Ibid., p.275). As duas primeiras interpretações buscam o sentido do texto, a terceira julga a veracidade; por isso, adiciona Wolf, "ela é importante para os escritos religiosos" (Ibid.).

Ast, discípulo de Schelling e de F. Schlegel, faz parte dos teóricos que pensam por meio da seguinte tríade: isto, seu contrário e sua síntese. Em relação aos textos, estes têm uma *forma* (linguística) e um *conteúdo* ou ser; a síntese dos dois dá o *espírito*. "Toda vida e toda verdade consistem na união espiritual do ser e da forma [...]. Ser e forma são a pluralidade na qual o espírito se revela, o próprio espírito é sua unidade" (*Grundriss*, p.3). "Chamamos de espírito à unidade original de todo ser" (*Grundlinien*, p.174).

Há, por conseguinte, três tipos de interpretação e somente três:

> Por isso a compreensão dos antigos escritores é tripla:
> 1) *histórica*, em relação ao conteúdo de suas obras, o qual pode ser artístico e científico, ou antigo no sentido mais amplo do termo;
> 2) *gramatical*, em relação à sua forma ou língua, e à sua exposição;

3) espiritual, em relação ao espírito do autor individual e da Antiguidade inteira. A terceira compreensão, a espiritual, é a verdadeira e superior, na qual se interpenetram a histórica e a gramatical, para uma vida unificada. A compreensão histórica reconhece isso que (*was*) o espírito formou; a gramatical como (*wie*) ele a formou; a espiritual reconduz o *que é* e o *como* (*was und wie*), a matéria e a forma, à sua vida original e unificada no espírito. (*Grundlinien*, p.177)

A interpretação espiritual não é algo independente, mas sim a unificação e, portanto, a consumação dos dois métodos precedentes.

A proximidade dos termos que aqui designam as formas de compreensão, com aqueles que designavam, na estratégia patrística, os sentidos da Escritura, poderia nos levar a ver naquelas uma simples metamorfose destas. Coloca-se a questão: a subdivisão em forma, conteúdo e espírito não lembra uma das formulações mais antigas, a de Orígenes, no *Tratado dos princípios*, que escrevia: "Assim como o homem é composto por um corpo, uma alma e um espírito, também é assim composta a Santa Escritura, que foi dada pela generosidade de Deus para a salvação dos homens" (IV, 2, 4)? Porém, ao examinar o conteúdo dessas distinções em Ast, percebemos toda a distância que os separa. Na exegese patrística, o *sentido* é que era histórico; na filologia, é o *método* que nos leva à descoberta do sentido que o é. Num caso codificam-se os resultados da interpretação, no outro, seus procedimentos.

É nos trabalhos de Bœckh que essas subdivisões serão estabelecidas com mais detalhes e com o maior cuidado a respeito

Simbolismo e interpretação

de sua articulação. Citaremos aqui um longo excerto de sua exposição:

O que é essencial para a compreensão e para sua manifestação, a exegese (*Auslegung*), é a consciência daquilo que condiciona e determina o sentido e a significação do comunicado ou do transmitido. Encontramos primeiramente aqui a significação objetiva dos meios de comunicação, isto é, dentro dos limites que são os nossos, da língua. A significação daquilo que é comunicado será inicialmente determinada pelo sentido das palavras em si mesmas, e só pode então ser compreendida se compreendemos a totalidade das expressões comuns. Mas quem fala ou emprega a língua de maneira particular e especial a modifica segundo sua individualidade. Para compreender então alguém, deve-se levar em conta sua subjetividade. Chamamos a explicação linguística do ponto de vista objetivo e geral, *gramatical*, e aquela do ponto de vista da subjetividade, *individual*. No entanto, o sentido da comunicação é condicionado ainda pelas circunstâncias reais, no decorrer das quais ela se produziu e cujo conhecimento é pressuposto naqueles aos quais ela se dirige. Para compreender uma comunicação, devemos nos colocar em seu lugar nas ditas circunstâncias. Uma obra escrita, por exemplo, só recebe sua verdadeira significação uma vez colocada em relação com as ideias correntes na época em que foi criada. Chamamos essa explicação, pelo meio ambiente (*Umgebung*) real, de interpretação histórica [...]. A interpretação histórica liga-se estreitamente à gramatical, dado que ela pesquisa como o sentido dos termos em si mesmos é modificado pelas circunstâncias objetivas. Mas o aspecto individual da comunicação também se modifica pelas circunstâncias *subjetivas*, sob a influência das quais ela se produz. Estas determi-

Tzvetan Todorov

nam a direção e a finalidade daquele que comunica: há finalidades da comunicação que são comuns a várias delas; disso advêm certos gêneros – na linguagem, os gêneros do discurso. O caráter da poesia e da prosa reside, para além de seus procedimentos diferentes, na direção subjetiva e na finalidade da representação. As finalidades individuais dos autores particulares alinham-se no interior dessas distinções gerais: elas formam subdivisões dos gêneros gerais. A finalidade é a unidade superior ideal daquilo que é comunicado, finalidade que, colocada como norma, é uma regra da arte, e como tal sempre aparece impressa numa forma particular, um *gênero*. A exegese da comunicação fundamentada nesse aspecto será, por esse motivo, melhor designada como uma interpretação *genérica*; ela se liga à interpretação individual, da mesma forma que a interpretação histórica à gramatical [...].
A hermenêutica é:
1. Compreender a partir das condições *objetivas* daquilo que é comunicado:
    a) a partir do sentido das palavras *em si mesmas* – interpretação *gramatical*;
    b) a partir do sentido das palavras *em relação* com as circunstâncias reais – interpretação *histórica*;
2. Compreender a partir das condições *subjetivas* daquilo que é comunicado:
    a) a partir do sujeito *em si mesmo* – interpretação *individual*;
    b) a partir do sujeito *em relação* com as circunstâncias subjetivas, que residem na finalidade e na direção – interpretação *genérica*. (*Encyclopädie*, p.81-3)

As quatro formas de interpretação segundo Bœckh provêm de uma matriz fundamental em duas oposições: entre subjetivo e objetivo, e entre "isolado" e "em relação com um contexto"; poderíamos reescrevê-las do seguinte modo:

	ISOLADO	EM CONTEXTO
OBJETIVO	gramatical	histórico
SUBJETIVO	individual	genérico

A interpretação filosófica de Wolf desapareceu, como se dissesse respeito a um princípio exegético outro; podemos supor, inversamente, que a interpretação genérica retoma o que Wolf designava pelo termo de "retórica" (se bem que ele tenha sido pouco explícito quanto a isso). A interpretação espiritual de Ast também está ausente, sem dúvida porque ela não se situa no mesmo plano que as outras, mas as engloba. Também notaremos como as sugestões de Bœckh permanecem atuais, por exemplo, no que diz respeito à interpretação dos gêneros como contratos de comunicação, ou a inclusão do contexto histórico *dentro* do sentido do texto etc.

Lanson dedica muito menos atenção à articulação das diferentes técnicas filológicas; não obstante, encontramos em seus trabalhos uma sugestão nesse sentido: "[Estabeleceremos] o sentido das palavras e das formas pela história da língua, a gramática e a sintaxe histórica; o sentido das frases, pelo esclarecimento das relações obscuras, das alusões históricas ou biográficas" (*Essais*, p.44). As interpretações gramatical e histórica imitam as dimensões sintagmáticas dos segmentos interpretados, palavras ou frases (mais que a língua e o discurso). São também a esses dois tipos de interpretação que os procedimentos enumerados nessa lista um tanto quanto irônica remetem:

Estudo dos manuscritos, comparação das edições, discussão de autenticidade e de atribuição, cronologia, bibliografia, biografia, pesquisas de fontes, delineamentos de influência, história das reputações e dos livros, exame minucioso de catálogos e arquivos, estatísticas de versificação, listas metódicas de observação de gramática, de gosto e de estilo, sei lá mais o quê. (*Méthodes*, p.34-5)

Para apreender uma visão de conjunto da evolução das subdivisões filológicas e, portanto, das concepções que concernem à variedade dos sentidos, podemos tentar reunir num quadro único as diferentes repartições resumidas aqui. Isso não ocorrerá sem alguns perigos: as mesmas palavras não recobrem as mesmas realidades; inversamente, estas podem ser evocadas por nomes diferentes; além disso, como vimos, as articulações entre os conceitos variam e, por conseguinte, o próprio sentido dos conceitos. Não obstante, arrisquemo-nos nesse quadro dos métodos de interpretação que nos permitirá uma visão da evolução da filologia:

ESPINOSA	WOLF	AST	BŒCKH	LANSON
gramatical	gramatical	gramatical	gramatical	gramatical
estrutural				
histórica	histórica	histórica	histórica	histórica
			individual	
	retórica		genérica	
		espiritual		

Mesmo que certas aproximações sejam forçadas, uma conclusão se deixa claramente perceber: a forma de interpretação que desapareceu a partir de Espinosa é aquela a que chamei

Simbolismo e interpretação

de estrutural ou intratextual, isto é, o estudo da coerência do texto. A única forma posterior que se lhe possa comparar é a interpretação espiritual em Ast; contudo, os poucos traços comuns não permitem a assimilação. Em Espinosa, trata-se de uma relação dos diferentes segmentos do texto, de uma pesquisa das contradições e das convergências. Em Ast, a interpretação espiritual recobre as outras duas e combina num todo os resultados das interpretações conduzidas separadamente; não é, de modo algum, uma questão de confrontação entre segmentos do texto. Ast, a quem devemos a formulação mais popular do "círculo hermenêutico", não fica indiferente ao problema da coerência, mas ele só pensa na relação entre a parte e o todo, e não na formulação de Espinosa, entre a parte e a parte. Não haverá então, em Ast, nenhum traço das técnicas sugeridas por Espinosa.

A evolução daquilo que chamo de filologia, desde Espinosa até Lanson, é clara: as diferentes mudanças vão todas no mesmo sentido. A inversão hierárquica da exegese por suas servas caminha junto com o desaparecimento da interpretação "estrutural". *A grande vítima dessa evolução é a análise intratextual*: primeiramente destronada de sua posição dominante e relegada a um papel auxiliar, a pesquisa do sentido do texto não desfruta mais de uma grande atenção, e por isso mesmo sua conduta se vê abandonada ao empirismo (à "explicação dos textos"), sem que a teoria se encarregue da elaboração de suas técnicas.

Pois bem — e aí está uma das lições um tanto quanto surpreendentes desse passeio histórico –, nenhuma razão interna obrigava a filologia a excluir a análise intratextual: a coabitação das diferentes técnicas em Espinosa pode prová-lo, se necessário for. Exigências "gramaticais", "históricas" e "estruturais" pertencem, todas, à mesma família; são restrições exercidas sobre as operações às quais se submete o texto na pesquisa de seu sentido; nenhuma dessas restrições determina antecipadamente, como o fazia o princípio da exegese patrística, a direção para a qual deve se orientar a própria pesquisa.

Uma crítica da filologia: Schleiermacher

Não seria possível terminar este capítulo da história sem citar uma crítica à qual foram submetidos vários dos princípios filológicos que acabamos de resumir, na própria época de sua formulação: trata-se da doutrina de Schleiermacher, que pertence historicamente ao período examinado (ele havia seguido os cursos de Wolf, e Bœckh havia seguido os seus), mas que a transcende conceitualmente e, mais que ilustrar uma estratégia particular da interpretação, se inscreve entre as contribuições para uma teoria geral da interpretação e do simbólico; fiz várias referências a ela no decorrer da primeira parte.[5]

Homogeneidade dos sentidos

Schleiermacher já critica a própria ideia de uma subdivisão da interpretação em gramatical e histórica (ou qualquer outra subdivisão desse gênero). Para ele, estas são, no melhor dos

---

5 Cito os textos de Schleiermacher, *Hermeneutik*, a partir da edição de Kimmerle. Alguns deles estão traduzidos em francês no útil estudo de Szondi, L'Herméneutique de Schleiermacher, *Poétique*, I (1970), 2, p.141-55, retomado em seu livro *Poésie et poétique de l'idéalisme allemand*, p.291-315.

casos, *fontes* diferentes que contribuem para o estabelecimento *de um sentido*; mas, de modo algum, *sentidos* diferentes. A crença na existência de sentidos separados, um literal, outro histórico, o terceiro filosófico, é uma herança indesejável dessa estratégia particular da interpretação que foi a exegese patrística. Quaisquer que sejam os meios para estabelecer o sentido, este permanece sempre da mesma espécie, e não há por que introduzir na hermenêutica categorias fundamentadas na diferença das técnicas utilizadas:

> Por mais correta que a coisa possa ser, gostaria de protestar contra essa expressão que cria sempre a ilusão de que as interpretações gramatical e histórica são, cada uma, uma coisa bem particular. [...] [O filósofo-intérprete] só pode ter pensado numa coisa: que numa interpretação correta todos os elementos diferentes devem concordar num único e mesmo resultado. (p.155-6)

O sentido não varia conforme os meios de que nos servimos para estabelecê-lo. Inversamente, há como introduzir uma distinção que se deve à própria ideia de Schleiermacher sobre a natureza de seu objeto. O sentido, para ele, só existe dentro de um processo de *integração*; o ato de interpretar (tomado em sentido mais amplo do que eu atribuo a esse termo) consiste em poder incluir uma significação particular num conjunto mais vasto. A palavra isolada ainda não é objeto de interpretação (mas somente de compreensão, poderíamos dizer); esta começa com a combinação de vários elementos significantes. Ora, um fragmento significante ou uma frase podem ser incluídos em quadros diferentes, de onde uma nova subdivisão, cuja semelhança com aquela dos filólogos que lhe são contemporâneos é puramente superficial.[6]

Interpretações gramatical e técnica

Há dois contextos principais aos quais se pode integrar um enunciado particular. Há, por conseguinte, duas formas de interpretação de cada texto, chamadas por Schleiermacher de *gramatical* e *técnica* (termos herdados, ao que parece, da tradição exegética – *Clavis*, de Flacius (1567) –, mas cujo sentido é por ele modificado). Não seria abusivo compreender a primeira

---

6 Ao menos para os textos citados anteriormente. Ast adotará, por vezes, outra perspectiva, que figura de perto aquela de Schleiermacher. Ao lado de sua subdivisão em forma, conteúdo e espírito, ele propõe outra, entre a letra, o sentido e o espírito do texto. O espírito continua idêntico a si mesmo nas duas repartições; mas a letra inclui tanto a interpretação gramatical quanto a interpretação histórica. A hermenêutica do sentido vem então além das anteriores, e nada mais é que "a explicação da significação de um segmento em suas relações" (*Grundlinien*, p.195). Assim, o sentido de uma mesma frase será diferente dependendo dos conjuntos nos quais se integra: "O sentido de uma obra e dos segmentos (*Stelle*) provém sobretudo do espírito e da tendência de seu autor; somente aquele que os apreendeu e com eles se familiarizou está em condição de compreender cada segmento no espírito de seu autor (*Verfasser*) e de descobrir o verdadeiro sentido. Por exemplo, um segmento de Platão terá o mais das vezes um sentido diferente de outro que pertença a Aristóteles, cujo sentido e palavras seriam quase semelhantes [...]. Dessa forma, não somente uma mesma palavra, mas também segmentos particulares semelhantes têm um sentido diferente se suas conexões também são diferentes" (Ibid., p.195-6). É essa mesma ideia da importância das conexões que domina o pensamento de Schleiermacher.

como inclusão que repousa sobre uma referência à memória coletiva (ao contexto paradigmático) e a segunda como uma inclusão baseada no contexto sintagmático. No primeiro caso, o enunciado é explicado por um recurso ao conhecimento global da língua; no segundo, por um recurso ao discurso do qual o enunciado faz parte, quaisquer que sejam as dimensões desse discurso. Eis a formulação mais clara dessa dicotomia: "O ponto principal da interpretação gramatical reside nos elementos pelos quais designamos o objeto central; o ponto principal da interpretação técnica, na grande continuidade (*Zusammenhange*) e sua comparação com as leis gerais da combinação" (p.56). Por um lado, confrontam-se os elementos isolados com o inventário dos elementos disponíveis (a língua); por outro, estudam-se esses elementos em sua combinação (discurso), comparando-os com outros tipos de combinação. De onde advêm as duas regras da interpretação:

> Primeiro cânone: tudo aquilo que, num dado discurso, deve ser determinado mais exatamente, só deve sê-lo a partir do espaço linguístico comum ao autor e ao seu público de origem [...]. Segundo cânone: o sentido de cada palavra, em dada passagem, deve ser determinado a partir de sua inserção dentro de um meio ambiente. (p.90, 95)

Essa oposição fundamental implica várias outras. A inscrição num paradigma é profundamente negativa: ela é a escolha de um sentido, com a exclusão de todos os outros. Aquela no sintagma, ao contrário, é positiva: trata-se de tomar posição no interior de uma combinação com outros elementos simultaneamente presentes.

Há duas espécies de determinação do sentido: a exclusão a partir do contexto global e a determinação de posição (*thetisch*) a partir do contexto imediato (p.42). A determinação a partir do [contexto] amplo é mais exclusiva, aquela a partir do contexto imediato, mais de posição. (p.66)

O contexto discursivo mais amplo não é o texto particular, mas a obra inteira de um escritor, daí a interpretação da oposição entre gramatical e técnico para estes outros termos: língua e autor. É o que enunciam inúmeras formulações de Schleiermacher:

> Compreender na fala e compreender no falante (*Sprache, Sprechenden*) [...]. Esquecimento do escritor na gramatical e da língua na técnica. Até o extremo. (p.56)
> Como esse enunciado tem dupla relação com a totalidade da língua e com o pensamento total de seu autor: portanto, toda compreensão consiste em dois momentos, compreender o enunciado como extraído da língua, e compreendê-lo como um fato naquele que pensa. (p.80)
> Gramaticalmente: O homem desaparece com sua atividade e só aparece como órgão da linguagem. Tecnicamente: A linguagem desaparece com seu poder determinante e só aparece como órgão do homem a serviço de sua individualidade, assim como [na frase anterior] a personalidade só aparece a serviço da linguagem. (p.113)

Segue-se, entre outras coisas, que os escritos anônimos, tais como os mitos, não conhecem interpretação técnica — não se sabe onde integrá-los: "Não há interpretação técnica para o mito, pois ele não pode provir de um indivíduo..." (p.85).

Simbolismo e interpretação

Incorreríamos em erro ao acreditar que a interpretação técnica consiste em buscar o homem por meio da obra. O projeto geral de Schleiermacher é, como para Espinosa, *subordinar todas as técnicas em busca do sentido* — ao mesmo tempo que o estabelece pela integração num quadro superior; não se trata então de usar o texto para conhecer seu autor, mas usar o autor para conhecer o texto. Além disso, o *autor* é precisamente identificado como um conjunto de textos (qualquer que seja sua natureza): *como um contexto sintagmático*. Qualquer tentativa de explicar os textos por meio de seu autor está fadada ao insucesso: "Homens tão conhecidos como Platão e Aristóteles, tudo o que sabemos de sua vida e de suas relações nos explicará, por pouco que seja, por que um trilhou tal caminho na filosofia e outro caminhou por outra via?" (p.150). Como consequência lógica, há uma rejeição do papel privilegiado concedido (no quadro da interpretação filológica) à intenção do autor, no sentido que este teria desejado imprimir ao seu texto; o escritor é mesmo particularmente cego a respeito de certos aspectos de seu trabalho, dos quais ele é necessariamente inconsciente — salvo se ele se transformar, por sua vez, em leitor de suas próprias obras (mas então sua interpretação será somente a de um leitor):

> Dado que não temos nenhum conhecimento imediato daquilo que está nele, devemos tentar levar à consciência aquilo que poderia lhe permanecer inconsciente, salvo se, refletindo, ele não tiver sido seu próprio leitor. (p.87-8)
>
> Nós [compreendemos] o criador melhor que ele mesmo, porque muitas coisas dessa espécie são inconscientes nele, mas devem se tornar conscientes em nós. (p.91)

Nisso, Schleiermacher segue a ideia de seu amigo, F. Schlegel, que escrevia: "*Criticar* significa compreender um autor melhor que ele próprio" (*Literary Notebooks*, 983).

Sentido fundamental, sentidos particulares

O sentido intencional não é privilegiado, o que não significa que um segmento tenha uma infinidade de sentidos, ou que todas as interpretações sejam igualmente bem-vindas. A posição de Schleiermacher sobre isso é nuançada. É somente numa perspectiva paradigmática que podemos falar de unidade original e essencial da palavra. Ora, o sentido global é determinado pela interseção das duas perspectivas, paradigmática e sintagmática, e é excepcional, para não dizer impossível, que a unidade original, o sentido fundamental, coincida com o sentido tal como ele se realiza num contexto particular:

> Todo emprego é particular e a unidade essencial aí se mescla com o que diz respeito ao acaso. A unidade essencial nunca aparece então como tal. Não se pode, portanto, determinar um emprego particular, num dado caso, a partir de outro emprego particular, por causa do pressuposto que isso implica. (p.61) A unidade da palavra é um esquema, uma vista insensata. *Não se deve* confundir tal emprego com a significação. Assim como a palavra é afetada pela modificação dos contextos, sua significação também o é. (p.47)

Esse ataque vai diretamente contra um dos axiomas da exegese patrística que ainda se encontrava entre os filólogos: o da unidade do sentido e, portanto, da possibilidade de explicar o sentido de uma ocorrência da palavra por aquele de outra. O sentido fundamental da palavra é uma construção do espírito e não se encontra mais num enunciado que em outro. Embora não se deva ter a expectativa de observar o sentido fundamental no interior de um enunciado particular, isso não significa que cada enunciado não tenha um *único* sentido. Assim como não se deve erigir o sentido sintagmático em sentido paradigmático, também não se saberia projetar as propriedades da língua sobre o discurso. As palavras são polissêmicas fora do contexto; contudo, num enunciado particular, elas têm um sentido preciso. Por esse motivo Schleiermacher se recusa a atribuir um estatuto particular às expressões metafóricas. A ilusão de um sentido metafórico, diferente dos outros, acontece porque examinamos um fato de discurso com instrumentos apropriados à língua. No interior do enunciado, as palavras têm um sentido determinado, que é sempre de mesma natureza. Somente a confrontação do sentido do enunciado com aquele dos elementos que o compõem, portanto do sentido discursivo com o sentido linguístico, cria a impressão de uma transposição dos sentidos:

> As palavras tomadas no sentido figurado guardam sua significação própria e exata, e só exercem seu efeito por meio de uma associação de ideias com a qual conta o escritor (p.59). Vendo bem de perto, a oposição entre sentido próprio e sentido impróprio desaparece (p.91).

O mesmo se dá com os textos inteiros: não há textos alegóricos, diferentes dos outros:

Se um segmento deve ser entendido alegoricamente, o sentido alegórico é o sentido único e simples do segmento, pois não há outro. Se alguém quisesse compreendê-lo historicamente, não reproduziria o sentido das palavras, pois não lhes deixaria a significação que têm na continuidade do segmento. Exatamente como se interpretássemos alegoricamente um segmento que deve ser compreendido de outra maneira. (p.155)

Encontrar o sentido literal de uma passagem alegórica é encontrar o sentido dos elementos que a constituem, sem levar em conta a combinação que formam. Ora, o sentido determina-se pela combinação de que faz parte; logo, é errôneo considerá-lo como incerto e arbitrário. Também é verdade que as combinações das quais um elemento linguístico pode fazer parte são em número *infinito*; portanto, o próprio sentido é infinito, e a interpretação é uma arte (como já o dizia F. Schlegel: "A filologia é *arte* e não ciência"):

A interpretação é arte. Há, em todos os lugares, construção daquilo que é finito e determinado a partir daquilo que é infinito e indeterminado. A linguagem é infinita porque cada elemento pode ser determinado pelos outros de modo particular. O mesmo ocorre para [a interpretação] psicológica. Pois toda perspectiva (*Anschatung*), por si, é infinita. (p.82)

O rigor hermenêutico não se desloca aqui para uma erudição positivista.

Algumas conclusões históricas e tipológicas

Para concluir, gostaria de me questionar sobre a significação histórica da oposição que propus entre exegese patrística e filologia. Essa confrontação de duas práticas, escolhidas dentre tantas outras, não seria arbitrária? No entanto, não se trata de quaisquer práticas: nenhuma outra lhes pode ser comparada, seja pelo prestígio, pela duração de seu reino ou pela influência que exerceram. Esses dois exemplos são, portanto, as duas estratégias interpretativas mais importantes da história da civilização ocidental.

A inversão: quando, por quê

Pode-se dizer, então, que a estratégia filológica se constituiu somente no período examinado aqui, entre Espinosa e Wolf, *grosso modo* entre o fim do século XVII e o início do século XIX? Sabemos que há inúmeros testemunhos que provam a existência de técnicas filológicas desde a Alta Antiguidade, e mais particularmente desde a escola de Alexandria. No entanto, na história das ideias, somos obrigados a distinguir entre a primeira formulação de uma tese e seu acontecimento no sentido propriamente histórico. Um longo caminho separa a enunciação marginal de uma ideia e a instalação de uma doutrina ou, se preferirmos, o dia em que uma ideia é proferida e aquele em que ela é ouvida. Ora, a história das ideias coincide com aquela da recepção das ideias, não com aquela de sua produção.

O mesmo ocorre com a história da hermenêutica. As regras e as técnicas codificadas em programa por Espinosa existiram, na prática e na teoria, bem antes dele, na exegese cristã e na glosa rabínica. Mas elas jamais se tornaram um programa de combate (não podiam fazê-lo); a melhor prova é, justamente, sua coexistência com a exegese patrística. A partir do momento em que Espinosa formula seu programa, a coexistência não é mais possível e uma das duas práticas deve desaparecer, pelo menos nesse campo particular. Foi o que aconteceu, sendo que a filologia saiu vitoriosa desse combate. Há então um fato histórico, que é a substituição de uma estratégia por outra – as duas podem existir desde sempre e para sempre, contudo existe um conflito cuja inscrição histórica é suficientemente precisa. E se não desejarmos explicar, como é meu caso, a história das ideias somente pelas relações entre elas, é preciso perguntar-se: quais fatores históricos tornaram possível a inversão da exegese patrística pela filologia nessa época precisamente?

Dentre todos os acontecimentos contemporâneos, quais escolheremos para colocar em correlação com a mudança constatada na história da hermenêutica? Para encontrar uma resposta, devemos começar por reconduzir a oposição entre exegese patrística e filologia aos seus termos de base. A primeira repousa sobre a possibilidade de dispor de uma verdade admitida por todos, que para simplificar chamaremos de doutrina cristã. A segunda surge como uma reação do homem a um mundo em que não há mais modelo de referência universal. Num mundo hierarquizado, dominado por uma verdade absoluta (e por seus detentores), basta confrontar cada objeto particular a uma única escala de valores imutável para que sua integração (e, portanto, sua interpretação) seja lançada. Ao contrário, numa sociedade democrática, em que cada um pode – em teoria – reclamar para si a verdade, é preciso pesar as restrições de método – e não mais de conteúdo – no próprio desenvolvimento de cada operação. O relativismo dos valores deve ser compensado por uma codificação metodológica.

Ora, é justamente essa inversão que se produz na Europa na época que nos interessa. Para dizê-lo resumidamente, e sem nenhuma pretensão de rigor histórico, o mundo fechado da sociedade feudal e cristã dá lugar às novas sociedades burguesas, proclamando a igualdade dos indivíduos. Nenhum novo valor vem desempenhar o papel, por exemplo, da doutrina cristã no antigo sistema: não se trata de uma redistribuição dos papéis, mas de um novo cenário. Melhor ainda, aproximando dois elos de uma corrente de relações que, todavia, é única, eu diria que não foi por acaso que a doutrina filológica nasceu numa das primeiras cidades burguesas da Europa, Amsterdã. Seria preciso a tolerância da nova sociedade capitalista para que Espinosa pudesse erigir em programa aquilo que até então havia sido uma prática subterrânea.

Tal é, aliás, a argumentação desenvolvida pelo próprio Espinosa para justificar seu novo método no *Tratado teológico-político*:

Podemos demonstrar que nosso método de interpretação da Escritura é melhor. Dado que, de fato, a mais alta autoridade pertence a cada um para interpretar a Escritura, não deve haver outra regra de interpretação que não a Luz Natural comum a todos, nenhuma luz superior à natureza, nenhuma autoridade exterior. (VII, 158)

Seu método é o melhor porque permite a cada um conduzir o trabalho de interpretação sem referência a um valor comum e absoluto. A defesa do método filológico iguala-se aqui a uma proclamação da liberdade e da igualdade dos homens. O acontecimento da filologia deveria ocorrer naquela época e não podia acontecer em nenhuma outra.

Tipologia das estratégias

Exegese patrística e filologia são dois tipos de estratégia interpretativa. Poderíamos nos perguntar se são *os únicos tipos possíveis* e como eles se articulam entre si. Passaríamos, então, da perspectiva histórica para a tipologia.

· Interpretar consiste sempre em colocar em equivalência dois textos (dos quais o segundo pode não ser proferido): o do autor e o do intérprete. O ato de interpretação implica então necessariamente duas escolhas sucessivas: impor ou não restrições sobre a associação dos dois textos. No caso de impor restrições, ligá-las ao texto de partida, ao texto de chegada ou ao percurso que os liga.

Não se dar nenhuma restrição concernindo o ato interpretativo significa colocar-se no limite da interpretação, nisso que por vezes chamamos, com condescendência, a "crítica impressio-

Simbolismo e interpretação

nista". O exemplo mais característico desse comportamento é a fala em associação livre do paciente sobre o divã psicanalítico. Isso não significa que não existam regras de associação, mas elas não são explicitadas, o que permite justamente aqui o surgimento do "inconsciente". Habitualmente, mais que considerá-lo como uma interpretação do "texto de partida", teremos tendência a tratar o próprio "texto de chegada" como objeto da interpretação.

As *restrições* podem pesar *somente sobre a escolha do texto de partida*, sem mais regras sobre outros pontos. Essa atitude comanda, em particular, a prática do simbolismo não verbal: tais são as práticas divinatórias que escolhem estritamente a matéria interpretada, como as linhas da mão, ou o voo de pássaros, as entranhas de animais ou a disposição dos astros. Mas também podemos observar esse tipo de estratégia na interpretação do simbolismo verbal quando, por exemplo, declaramos que somente as obras literárias merecem ser analisadas.

Tanto um quanto outro desses procedimentos, apesar de possíveis e mesmo frequentes, não desempenharia um papel importante na história da hermenêutica, sem dúvida porque deixam ainda tal margem de liberdade na interpretação, que não podemos falar, a respeito delas, de estratégia no sentido estrito. Não há escola hermenêutica que se contente com tão poucas exigências. Ao contrário, os dois tipos de interpretação que encontramos abundantemente na história da hermenêutica correspondem às duas possibilidades restantes: impor *restrições sobre as operações* que ligam o texto de partida e o texto de chegada, ou *sobre o próprio texto de chegada*. Dois grandes tipos de interpretação: aqueles aos quais dei o nome de interpretação operacional (tal como a filologia) e de interpretação finalista (tal como a exegese patrística). Então, filologia e exegese patrística não são somente dois exemplos de estratégia interpretativa, mas representam os dois grandes tipos de estratégia possível.

Cada um desses tipos possui naturalmente outros representantes: para se dar conta, basta mudar, num caso, a natureza das restrições operacionais; no outro, a dos conteúdos aos quais se chega obrigatoriamente.

Para dar exemplos mais próximos a nós no tempo do que a exegese patrística e a filologia, citemos as interpretações *finalistas* no caso da crítica *marxista* ou da crítica *freudiana*. Nesta como naquela, o ponto de chegada é previamente conhecido e não pode ser modificado: são os princípios extraídos da obra de Marx ou de Freud (é significativo que essas espécies de crítica levem o nome de seu inspirador; é impossível modificar o texto de chegada sem trair a doutrina, portanto, sem abandoná-la). Qualquer que seja a obra analisada, ela ilustrará, ao final do percurso, os postulados. É evidente que esse parentesco global é acompanhado por inúmeras diferenças que não devem ser negligenciadas: na ótica patrística, *certos* textos escolhidos (os textos sagrados) *afirmam* a verdade cristã; naquela do marxismo, *todos* os textos *dão testemunho* da verdade marxista.

Um exemplo moderno de interpretação *operacional* é o que chamamos de *análise estrutural*, tal como foi praticada sobre os mitos por Lévi-Strauss ou Detienne, sobre a poesia por Jakobson e por Ruwet. Não é o resultado que é dado previamente, é a forma das operações às quais se tem direito de submeter o texto analisado. Aliás, estas não diferem do programa enunciado por Espinosa: filologia e análise estrutural simplesmente executam partes diferentes. Vimos que a filologia havia mais ou menos omitido a rubrica "relações intratextuais"; a análise estrutural frequentemente coloca entre parênteses o contexto histórico; a diferença é, uma vez mais, de ênfase e de *insistência*, não de estrutura.

Reformulação da oposição

Entretanto, podemos nos perguntar se essas estratégias de interpretação são realmente aquilo que se atribuem. A questão foi colocada, especialmente, aos comentadores de Espinosa, que quiseram saber se sua reivindicação de uma interpretação livre de qualquer ideologia havia sido realizada em sua própria obra, dado que, ao lado das declarações de princípios, as páginas do *Tratado teológico-político* contêm inúmeras análises concretas da Bíblia. A resposta é unânime. I. Husic escreve: "Espinosa tenta mostrar que a Bíblia concorda com sua filosofia, assim como Maimônides tentava mostrar que a Bíblia concorda com a filosofia de Aristóteles"; e S. Zac aponta: "Espinosa [...] lê a Escritura de tal maneira que se adivinham em filigrana as consequências de sua própria filosofia. [...] Ele peca pelo mesmo defeito que reprova em Maimônides: explica alegoricamente os textos e repensa o cristianismo à luz de sua própria filosofia".[1] Apesar das confissões de fé filológica, a interpretação de Espinosa é tão finalista quanto aquelas de seus adversários: qualquer que seja o texto analisado, ele ilustra o espinosismo. Reciprocamente, de nada adianta Santo Agostinho afirmar que só conta o ponto de chegada, não o percurso

---

[1] Husic, Maïmonide and Spinoza on the interpretation of the Bible, *Philosophical Essays*, p.158; Zac, *Spinoza et l'interprétation de l'Écriture*, p.174, 193.

tomado. Também é verdade que, conscientemente ou não, ele e os outros fundadores da exegese patrística favorecem ou afastam certos tipos de operações interpretativas. Eles o fazem, ainda que sejam somente outros, mais tarde, que codificarão explicitamente essas práticas.

Nem por isso a oposição das duas estratégias desaparece, mas se encontra colocada em outro plano. Nenhuma interpretação está livre de pressupostos ideológicos, e nenhuma delas é arbitrária em suas operações. Não obstante, a diferença permanece na distribuição da parte esclarecida e da parte obscura da atividade. Aqueles que praticam a interpretação operacional, seja filologia ou análise estrutural, movidos por sua pretensão científica, se esquecem da presença de uma ideologia (que, por ter pouco impacto, nem por isso deixa de existir) e concentram sua atenção nas exigências de método. Disso decorre uma inevitável proliferação de escritos metodológicos. Os praticantes da interpretação finalista, por sua vez, negligenciam a natureza das operações às quais se dedicam e se contentam em enunciar princípios que acreditam ser ilustrados por todos os textos analisados. Portanto, há mais uma repartição desigual das zonas de sombra e de luz, de recalque e de explicitação, que presença exclusiva de uma ou outra espécie de exigências. Há somente desigualdade de insistência, que apesar disso é responsável pelas vicissitudes da história da hermenêutica.

Minha estratégia?

Gostaria de colocar uma última questão antes de encerrar meu percurso: supondo-se que se admita a determinação histórica sugerida anteriormente, como explicar a *coexistência* dos dois tipos de estratégia – como, hoje, a da análise estrutural e da análise marxista? De que vale o determinismo, se as mesmas causas não produzem sempre os mesmos efeitos? E ainda mais concretamente: onde eu mesmo me coloco nessa dicotomia de método e conteúdo, pois é evidente que, lendo os autores do passado, me engajo numa estratégia interpretativa? Ou mesmo: em que lugar situar a si mesmo para poder descrever *todas* as estratégias interpretativas?

A resposta a essas questões deveria ser buscada, atenta e pacientemente, na seguinte direção: a determinação entre estratégias da interpretação e história social passa por um intermediário essencial, que é a própria ideologia. Não é a atividade dos comerciantes de Amsterdã que faz nascer a filologia; é a ideologia da expansão capitalista que será uma condição decisiva da renovação hermenêutica. Da mesma forma, é a coexistência das ideologias em nosso mundo – para resumir e, naquilo que nos concerne, uma ideologia individualista e uma ideologia coletivista – que é a condição necessária da presença mútua atual das estratégias interpretativas. E é meu destino histórico, se posso assim dizer, que me obriga a permanecer numa dupla exterioridade, como se o "fora" não tivesse cessado de implicar um "dentro". Não é uma superioridade, nem forçosamente uma maldição, mas muito mais um traço constitutivo de nosso tempo, precisamente, poder dar razão a cada um dos campos opostos, e não saber escolher entre eles: como se o próprio de nossa civilização fosse a suspensão da escolha e a tendência a tudo *compreender* sem nada *fazer*.

Referências bibliográficas

AGOSTINHO, Santo. *A doutrina cristã*. São Paulo, Paulus, 2002.
AST, F. *Grundriss der Grammatik*, Hermeneutik und Kritik. Landshut: Thomann, 1808.
_____. *Grundriss der Philologie*. Landshut: Krull, 1808.
AUERBACH, E. Typological symbolism in medieval literature. In: _____. *Gesammelte Aufsätze zur romanischen Philologie*. Berna: Francke, 1967.
_____. Fugura. In: _____. *Gesammelte Aufsätze zur romanischen Philologie*. Berna: Francke, 1967.
BAUDELAIRE, C. *Pequenos poemas em prosa*. Tradução de Gilson Maurity. Rio de Janeiro: Editora Record, 2009.
BŒCKH, A. W. *Enciclopädie und Methodologie der philologischen Wissenschaften*. 2.ed. Leipzig: Teubner, 1886.
COMEAU, M. *Saint Augustin, exégète du 4ᵉ Évangile*. Paris: Gabriel Beauchesne Éditeur, 1930.
DE LUBAC, H. *Exegèse médiévale, Les quatre sens de l'Écriture*. 4 v. Paris: Aubier, 1959-1964.
DUCHROW, U. *Sprachverständnis und biblisches Hören bei Augustinus*. Tübingen: Mohr, 1965.

DUCROT, O. *Princípios de semântica linguística: dizer e não dizer*. São Paulo/Campinas: Cultrix/Editora da Unicamp, 1997.

ESPINOSA, B. *Traité théologico-politique*. Paris: Garnier-Flammarion, 1965. [Ed. bras.: *Tratado teológico-político*. Tradução de Diogo Pires Aurélio. São Paulo: Martins Fontes, 2003.]

FLAUBERT, G. A legenda de São Julião Hospitaleiro. In: _____. *Três contos*. Tradução de Milton Hatoum e Samuel Titan Junior. São Paulo: Cosac Naify, 2011.

FLORE, J. *L'Évangile éternel*. t.II. Paris: Rieder, 1928.

FRANCE, A. *L'Île des pingouins*. Paris: Calmann-Lévy, 1908. [Ed. port.: *A ilha dos pinguins*. Porto: Europa-América, 1978.]

GOPPELT, L. *Typos. Die typologische Deutung des Alten Testaments in Neuen*. Gütersloh: Bertelsmann, 1939.

GRANT, R. M. *L'Interprétation de la Bible des origines chrétiennes à nos jours*. Paris: Seuil, 1967.

HUSIC, I. Maïmonide and Spinoza on the interpretation of the Bible. *Philosophical Essays*. Oxford: [s.n.], 1952.

JAMES, H. *L'Âge difficile*. Tradução de Michel Sager. Paris: Éditions 10-18, 1998.

_____. The Figure in the Carpet. In: _____. *Embarrassements*, Londres/New York: Heinemann/Macmillan, 1896.

LANSON, G. *Méthodes de l'histoire littéraire*. [s.l.: s.n.], 1965.

LE GOFF, J. (Org.) *Homens e mulheres da Idade Média*. Tradução de Nícia Adan Bonatti. São Paulo: Estação Liberdade, 2013.

MAIMÔNIDES, M. *Guide des égarés*. Paris: Maisonneuve, 1960.

MARROU, H.-I. *Saint Augustin et la fin de la culture antique*. Paris: Boccard, 1938.

MEMMI, G. *Freud et la création littéraire*. Harmattan: Paris, 1996.

MOIRAT, E. *Notion augustinienne de l'herméneutique*. Clermont-Ferrand: A. Dumont, 1906.

NERVAL, G. *As quimeras*. Tradução de Alexei Bueno. Rio de Janeiro: Topbooks, 2006.

ORÍGENES. *Traité des príncipes*. Paris: Études Augustiennes, 1976. [Ed. bras.: *Patrística*. Tratado sobre os princípios. v.30. Tradução de João Lupi. São Paulo: Editora Paulus, 2012.]

ORR, J. *Essais d'étymologie et de philologie françaises*. Paris: Librairies Klincksieck, 1963.

PÉPIN, J. A propos de l'histoire de l'exegèse allégorique, l'absurdité signe de l'allégorie, *Studia patristica*, t.I, Berlim, 1957.

_____. *Mythe et allégorie*. Paris: Aubier, 1958. (2.ed., 1977)

_____. Saint Augustin et la fonction protreptique de l'allégorie, *Recherches augustiniennes*, Paris, 1958.

PÉZARD, A. *Dante sous la pluie de feu*. Paris: [s.n.], 1943.

PONTET, M. *L'exegèse de Saint Augustin prédicateur*. Paris: Aubier, 1945.

RIMBAUD, A. Angústia. In: _____. *Iluminações*. Tradução de Janer Cristaldo. Versão para eBook em: www.eBooksBrasil.org. Acesso em: 15 jan. 2014.

_____. Depois do dilúvio. In: _____. *Iluminuras*. Tradução de Rodrigo Garcia Lopes e Maurício Arruda Mendonça. São Paulo: Editora Iluminuras, 2002.

_____. Infância. Tradução de Ferreira Gullar. Disponível em: http://www.literal.com.br/ferreira-gullar/novidades/traducoes-de-poemas/infancia-arthur-rimbaud/. Acesso em: 15 jan. 2014.

SCHLEGEL, A. W. De l'étymologie en general. In: _____. *Œuvres écrites en français*. t.II. Leipzig: Weidman, 1846.

SCHLEIERMACHER, F. *Hermeneutik*. Editado por H. Kimmerle. Heidelberg: Carl Winter, 1959.

SPICQ, C. *Esquisse d'une histoire de l'exegèse latine au Moyen Âge*. Paris: Vrin, 1944.

STRAUSS, G. *Schriftgebrauch, Schriftbeweis bei Augustinus*. Tübingen: Mohr, 1959.

SZONDI, P. *Einführung in die kiterarische Hermeneutik*. Frankfurt: Suhrkamp, 1975.

_____. L´herméneutique de Schleiermacher, *Poétique*, I (1970), 2.

_____. Poésie et poétique de l'idéalisme allemand. Paris: [s.n.], 1975.

TODOROV, T. *Introdução à literatura fantástica*. Tradução de Maria Clara Correa Castello São Paulo: Perspectiva, 2012.

_____. Le secret du récit: Henry James. In: _____. *Poétique de la prose*. Paris: Seuil, 1971.

TODOROV, T. *Théories du symbole*. Paris: Seuil, 1977. [Ed. bras.: *Teorias do símbolo*. São Paulo, Editora Unesp, 2014.]

TOLSTÓI, L. *Hadji-Murat*. Lisboa: Relógio D'Água, 2009.

TOMÁS DE AQUINO, São. *Somme théologique*. Paris/Tournai/Rome: Desclée, 1947. t.I. [Ed. bras.: *Suma teológica*. São Paulo: Loyola, 2003.]

VON DOBSCHÜTZ, E. Von vierfachen Schriftsinn. Die Geschichte einer Theorie. In: _____. *Harnack-Ehrung*. Beiträge zur Kirchengeschichte. Leipzig: Hinrichs, 1921.

WASCH, J. *Das Verstehen*. t.I. [s.l.: s.n.], 1926.

WILAMOWITZ-MŒLLENDORF, U. *Geschichte der Philologie* (1921). Leipzig: Teubner, 1959.

WOLF, F. A. Darstellung der Altertumswissenschaft nach Begriff, Umfang, Zweck und Wert. In: WOLF, F. A.; BUTTMANN, P. (Eds.). *Museum der Altertumswissenschaft*. Bd. 1. Leipzig: Lehnhold, 1831.

ZAC, S. *Spinoza et l'interprétation de l'Écriture*. Paris: PUF, 1965.

Índice onomástico

A
Abhinavagupta, 54-5
Alfakar (Alpakhar), 161-3
Althusser, L., 25
Ānandavardhana, 14, 54-5
Ariosto, 170
Aristóteles, 21, 61, 78, 81, 83, 85-7, 139-42, 188, 191, 201
Arnauld, A., 21, 81
Ast, F., 23, 172, 174, 176, 179-80, 183-5, 188, 205
Auerbach, E., 138-9, 205
Agostinho (Santo), 20, 23, 48-9, 51-2, 85, 98, 110, 117,-21, 123-4, 127, 129-30, 132-4, 141-2, 145-52,155, 201, 205

B
Bally, C., 83
Barthes, R., 75

Baudelaire, C., 8, 66, 68, 74, 205
Beauzée, N., 12, 85
Benveniste, E., 12
Bœckh, A. W., 32, 172, 174, 180, 182-4, 186, 205
Boaventura (São), 154
Booth, W., 110
Brisset, J.-P., 90
Burke, K., 85

C
Carroll, L., 90-1
Cervantes, M. de, 73
Cícero, 12-3, 85-6, 151
Clemente de Alexandria, 20, 47, 134, 147
Colet, J., 153
Comeau, M., 117, 205
Condillac, 21

Constant, B., 76
Corneille, P., 178
Cirilo de Alexandria (São), 156

D
Dante, 136-7, 145, 207
Detienne, M., 200
Diderot, D., 73-4
Dobschütz, E., 136, 208
Dubois, J., 110
Duchrow, U., 118, 205
Ducrot, O., 31-2, 70, 110, 205
Du Marsais, C., 21, 23

E
Empson, W., 61, 63, 82, 110
Emrich, W., 106
Estrabão, 145

F
Fílon de Alexandria, 41, 128
Flacius, 188
Flaubert, G., 8, 65-6, 68 94, 206
France, A., 72, 104, 206
Frazer, J., 41
Freud, S., 61, 110, 200, 206

G
Gœthe, J. W., 75, 95
Goppelt, L., 142-3, 206
Grant, R. M., 118, 134, 153, 206
Grice, P., 31-2, 111

H
Hegel, G. W. F., 95
Heidegger, M., 90

Henle, P., 94, 111
Pseudo-Heráclito, 40
Hevesi, 91
Hirsch, E. D., 25-6, 111
Homero, 40, 142, 164
Hugues de Saint-Victor, 145
Humboldt, W., 95
Husic, I., 201, 206

I
Irénée, 133

J
Jakobson, R., 85-6, 88, 200
James, H.,8, 38, 43, 70, 206-7
João da Cruz (São), 8, 35, 154, 173
Joaquim de Fiore, 130-2
Juliano (imperador), 145
Jurjani, A., 95-6

K
Kafka, F., 9, 105-7
Kerbrat-Orecchioni, C., 111
Kunjunni Raja, K., 54, 110

L
Lactâncio, 153
Lanson, G., 172, 174-5, 177, 183-5, 206
Leonardo da Vinci, 152
Lessing, G. E., 84, 86, 140
Lévi-Strauss, C., 200
Lubac, H. de, 118, 136, 139, 155-6, 205
Lutero, 153

M

Maeterlinck, M., 8, 37, 104-5
Mahimabhattale, 82
Maimônides, 146, 161-3, 201, 206
Mallarmé, S., 90, 104
Mammata, 14, 30
Marrou, H. I., 117, 206
Marx, K., 200
Máximo de Tiro, 145
Melville, H., 75
Moirat, E., 117, 206
Molière, 75
Montaigne, 13, 74, 175, 178

N

Nerval, G. de, 9, 96-8, 102, 206
Nicole, P., 21, 81
Nietzsche, F., 17, 175
Nodier, C., 57

O

Orígenes, 129, 133, 145, 180, 206
Orr, J., 90-1, 207
Ovídio, 170

P

Parisot, 91
Paulo (São), 49-59, 118
Paulhan, J., 90
Peirce, C. S., 87
Pépin, J., 110, 117-8, 145, 207
Pézard, A., 136, 207
Piaget, J., 29, 111
Platão, 19, 90, 188, 191
Plutarco, 142

Pontet, M., 117, 130, 207
Pope, A., 12
Porcher, M. C., 11
Potebnia, A., 82, 84
Proust, M., 76

Q

Quintiliano, 53, 82, 85, 87

R

Richard de Saint-Victor, 155
Richards, I. A., 59
Riœur, P., 22, 110
Rimbaud, A., 9, 98-103, 105, 207
Robbe-Grillet, A., 60, 66
Robert, M., 106
Rousseau, J.-J., 175
Ruwet, N., 200

S

Saussure, F., 13, 19
Schelling, F. W. J., 22, 85-6, 179
Schlegel, A. W., 95, 165, 207
Schlegel, F., 5, 23, 113, 179, 192, 194
Schleiermacher, F., 10, 18, 23, 27, 76, 111, 186-8, 190-3, 207
Simon, R., 172
Sørensen, B. A., 110
Sperber, D., 11, 72, 111
Spicq, C., 118, 207
Spinoza ou Espinosa, B., 157-66, 168, 171-3, 176, 184-5, 191, 195-7, 200-1, 206, 208
Sterne, L., 73-5

211

Strauss, G., 118, 207
Strauss, L., 24-6
Strawson. P. H., 111
Szondi, P., 110, 172, 186, 207

T
Tabourot, E. (dito cavaleiro dos acordos), 90
Théagène, 128
Tomás de Aquino (São), 51, 130, 136, 208
Todorov, T., 43, 65, 110-1, 149, 207-8
Tolstói, L., 8, 35, 39, 208

V
Voltaire, 178
Vossius, 85

W
Wach, J., 171-2
Wheelwrigth, P., 96
Wilamowitz-Moellendorff, A., 172, 208
Wolf, F. A., 23, 172-3, 175, 177-9, 183-4, 186, 195, 208

Z
Zac, S., 201, 208

SOBRE O LIVRO

Formato: 14 x 21 cm
Mancha: 23 x 44 paicas
Tipologia: Venetian 301 12,5/16
Papel: Pólen Soft 80 g/m² (miolo)
Cartão Supremo 250 g/m² (capa)
1ª *edição*: 2014

EQUIPE DE REALIZAÇÃO

Edição de texto
Silvia Massimini Felix (Copidesque)
Marina Ruivo (Revisão)

Capa
Estúdio Bogari

Editoração eletrônica
Eduardo Seiji Seki

Assistência editorial
Jennifer Rangel de França

IMPRESSÃO E ACABAMENTO
Hawaií Gráfica e Editora